Jamaika

Kiki Baron

D1675557

Kiki Baron, wohnhaft in Hamburg, ist seit 20 Jahren als Reisejournalistin weltweit unterwegs. Nach mehreren Reiseführern über die Karibik und zahlreichen Artikeln in Zeitschriften stand für sie fest: Jamaika ist der Diamant unter all den Juwelen der Westindischen Inseln.

Herrliche Strände gibt es überall auf Jamaika – die schönsten gehören meist zu Hotelanlagen. Wer sich jedoch nicht gerade an den Sandstreifen der großen Touristenorte aufhält, findet noch so manch einsame Bucht.

INHALT

Willkommen auf Jamaika

- 6 Eine Insel stellt sich vor
- 12 Anreise und Ankunft
- 14 Mit und ohne Auto
- 17 Hotels und andere Unterkünfte

Jamaika erleben

- 20 Essen und Trinken
- 24 Einkaufen
- 28 Mit Kindern unterwegs
- 30 Sport und Strände
- 35 Feste und Festspiele

Sehenswerte Orte und Ausflugsziele

- 38 **Der Norden: Montego Bay**
- 46 Falmouth
- 46 Martha Brae River Rafting
- 47 Mountain Valley River Rafting
- 47 Rocklands Feeding Station
- 47 Seaford Town/Estate Belvedere
- 48 **Der Norden: Ocho Rios**
- 54 Coyaba River Garden & Museum/Murphy Hill
- 56 Dunn's River Falls
- 56 Fern Gully, Moneague, St. Ann's Bay
- 56 Galina
- 57 Port Maria
- 57 Prospect Plantation
- 58 **Der Norden: Port Antonio**
- 65 Blue Lagoon
- 66 Long Bay
- 66 Moore Town
- 66 Navy Island
- 66 Nonsuch Caves und Athenry Gardens
- 66 Reach Falls
- 66 Rio Grande Rafting
- 68 Swift River
- 68 Valley Hikes
- 68 Winnyfred's Beach
- 69 **Runaway Bay/Discovery Bay**
- 70 Brown's Town und Bob Marley's Mausoleum
- 70 Runaway Caves
- 71 **Der Westen**
- 72 Negril
- 78 Lucea
- 78 Paradise Park
- 78 Y.S. Falls
- 79 **Der Süden**
- 80 Kingston
- 92 Hellshire Beach
- 93 Newcastle/Pine Grove
- 94 Port Royal
- 96 **Der Süden: Treasure Beach**
- 97 Black River Safari

Routen und Touren

- 98 **Mit dem Auto:** Von Montego Bay nach Süden zu den »Maroons«
- 101 **Mit dem Auto:** Auf der Nord-Süd-Achse von Ocho Rios nach Kingston
- 104 **Mit dem Auto:** Tour nach Osten
- 108 **Mit dem Auto:** Von Negril südwärts

Wichtige Informationen

- 112 **Jamaika von A–Z**
- 112 Auskunft
- 112 Bevölkerung
- 112 Camping
- 112 Diplomatische Vertretungen
- 112 Drogen
- 113 Feiertage
- 113 Fernsehen
- 113 FKK
- 113 Fotografieren
- 114 Geld
- 114 Internet
- 114 Kleidung
- 115 Medizinische Versorgung
- 115 Notruf
- 115 Politik
- 115 Post
- 115 Reisedokumente
- 115 Reisezeit
- 115 Rundfunk
- 115 Sprache
- 116 Stromspannung
- 116 Telefon
- 116 Tiere
- 116 Trinkgeld
- 117 Wirtschaft
- 117 Zeitungen
- 117 Zeitverschiebung
- 117 Zoll
- 118 **Geschichte auf einen Blick**
- 120 **Sprachführer**
- 122 **Eßdolmetscher**
- 124 **Orts- und Sachregister**
- 128 **Impressum**

MERIAN-Tips

- 8 Lesetip
- 18 Good Hope Great House
- 22 Jerk-Meat-Buden – Scharfes vom Schwein oder Huhn
- 25 Things Jamaican – Kunsthandwerk »Made in Jamaica« in Kingston und Montego Bay
- 34 Cricket – Zuschauen beim Nationalsport
- 36 Jamaica Carnival
- 46 Croydon Estate – Plantagenbesichtigung
- 51 River Lodge – ein Guesthouse nahe Annotto Bay
- 56 Sonrise Beach Retreat
- 62 Mocking Bird Hill – Wohnen und Schlemmen zwischen Kolibris
- 73 Bungalows von Tensing Pen
- 81 Strawberry Hill – Logieren im Kolonialstil
- 92 Spanish Town

Karten und Pläne

Jamaika, westlicher Teil	Klappe vorne
Jamaika, östlicher Teil	Klappe hinten
Die Großen Antillen	Umschlag Rückseite
Montego Bay	39
Ocho Rios	55
Port Antonio	65
Kingston	82/83

Die Buchstaben-Zahlen-Kombinationen im Text verweisen auf die Planquadrate der Karten.

Eine Insel stellt sich vor

Jamaika ist schön, wohl keine Westindische Insel ist vielfältiger. Und ihre Bewohner begegnen dem Besucher zugleich stolz und doch voller Wärme.

»We are more than a beach – we are a country« war 1978 der Slogan, als das Land einen Werbefeldzug in Gang setzte, um den Tourismus anzukurbeln. Ein Spruch, mit dem damals nicht jeder etwas anzufangen wußte. Die Kraft und Stärke der Jamaikaner selbst war gemeint, ein Rassenmix von 2,6 Millionen Einwohnern – Afrikaner, Europäer, Araber, Chinesen und Inder –, die eine Nation bilden. Ihr Land präsentiert eine ebensolche Verschiedenartigkeit. Jamaika ist mit knapp 11 000 Quadratkilometern die drittgrößte der karibischen Inseln und bietet ein erstaunliches Repertoire unterschiedlicher Landschaften und Klimazonen.

Vielfältige Landschaftsformen

Direkt hinter der turbulenten Hauptstadt Kingston gen Osten erheben sich beinahe 2300 Meter hoch die **Blue Mountains**. Diese Berge sind die Heimat der Kaffee- und Kakaopflanzer, deren Plantagen, von Pinien- und Farnwäldern umgeben, im ewigen Nebel liegen. Große Sümpfe erstrecken sich an der Südküste, im Westen kilometerlange weiße Strände. An der Nordküste reihen

Jamaika bietet dem Besucher als Kontrastprogramm neben traumhafter Strandkulisse eine Reihe ursprünglicher Reiseziele im Landesinneren.

sich kleine Buchten wie Perlen an einer Schnur, im Hinterland herrliche grüne Hügellandschaft mit Obst- und Gemüsefarmen, fetten Viehweiden und Dschungel.

In der Inselmitte dehnt sich eine undurchdringliche Karstregion mit tropischem Regenwald, der sich geschlossen über engstehende Kalkkegel und -türme, Spalten und Schluchten, Risse und Höhlen zieht, das **Cockpit Country**. Mehr als die Hälfte der Insel liegt 300 Meter hoch, wölbt sich in einem halben Dutzend Mittelgebirgen. Jamaikas üppigste Vegetation ist im Osten zwischen **Ocho Rios** und **Port Antonio** zu finden. Nicht umsonst, denn hier regnet es am meisten. Nur sehr wenige Tropfen hingegen fallen im Südosten, eine trockene Gegend mit viel Gras, Dornenbüschen und Kakteen.

120 Flüsse sorgen für einen ausgeglichenen Wasserhaushalt und dienen nicht selten als Touristenattraktion. Man kann in ihren erfrischenden Fluten unter meterhohen Kaskaden baden oder sich auf Bambusflößen durch die herrlich grüne Landschaft schippern lassen. Mit seinem gewundenen, gut 60 Kilometer langen Lauf ist der **Black River** der längste unter ihnen. Er entspringt im Cockpit Country, erscheint und verschwindet mehrere Male unter verschiedenen Namen, bis er ab Mexico in der Gemeinde St. Elisabeth in weiten Schwüngen durch Sumpfgebiete schließlich in der Nähe des namensgleichen Ortes an der Südküste mündet.

Seien es Neuigkeiten des Tages oder Geschichten von früher – die Wortbedeutung des in Jamaika gesprochenen Dialektes Patois wird vielen Touristen verborgen bleiben.

Unter spanischer und britischer Herrschaft

Kolumbus war der erste Weiße, der am 5. Mai 1494 auf seiner zweiten Reise die Insel betrat. »Das schönste Land, das je ein Auge erblickte«, erinnerte er sich in seinem Logbuch, doch die Arawaks, die »Xaymaca« bewohnten, zeigten sich nicht von der freundlichsten Seite. Erst 16 Jahre später kamen die ersten spanischen Siedler ins Land. Sie ließen sich zunächst im Norden, später an der Südküste nieder und gründeten Villa la Vega, das heutige **Spanish Town**. Die Kolonie diente freilich mehr dem Umschlag von Gold und Silber, das die Spanier von ihren Eroberungen in Südamerika mitbrachten, als dem Aufbau einer gewinnträchtigen Landwirtschaft. Die Briten, die 1655 Jamaika überfielen, hatten relativ leichtes Spiel. Auch sie waren anfangs mehr auf die Schätze erpicht. Auf der heutigen Nehrung Palisadoes entstand **Port Royal**, ein Seeräuber- und Piratennest. Es ging als die »lasterhafteste Stadt auf Erden« in die Annalen der Geschichte ein und versank 1692 bei einem Erdbeben. In der Zwischenzeit entwickelten sich Plantagen auf dem Land, erst wurde Indigo, Tabak und Baumwolle gepflanzt, später Zuckerrohr. Eine folgenschwere Entscheidung. Die intensive Bewirtschaftung hatte die Sklavenhaltung zur Folge. Zwischen 1700 und 1810 wurden 600 000 Schwarze aus Afrika unter unmenschlichen Bedingungen nach Jamaika deportiert, um dort unter ebenso schlimmen Umständen zu arbeiten. Sie waren die Vorfahren der heutigen Jamaikaner. Nach dem Verbot der Sklavenhaltung vermischten sie sich mit Indern und Chinesen, einigen Deutschen und Libanesen.

Kulturelles Erbe

Jamaikas kultureller Ursprung liegt in der Zeit der Sklavenhaltung. Etwa 90 Prozent der Bevölkerung haben ihre Wurzeln in Afrika. Das drückt sich noch heute in Glauben und Gepflogenheiten, in verbaler und nonverbaler Kommunikation aus, vermischt mit Werten der Neuen Welt. Unter diesem Aspekt ähneln sich alle karibischen Inseln. Doch Jamaika ist es gelungen, eine eigenständige Kultur zu entwickeln, die sich für den Besucher in Sprache, Tanz, Kunst und Küche und ganz besonders in der Musik präsentiert. **Reggae** gleich Bob Marley gleich Jamaika oder andersherum. Der Sänger starb

LESETIP

Interessante Hintergründe zum Jamaika der Sklavenzeit gibt Evelyn Heinemann in ihrem Buch **Mama Afrika** aus dem Stroemfeld-Nexus-Verlag. Bisher nur auf Englisch gibt's vor Ort die Romane des Jamaikaners Anthony C. Winkler zu kaufen, in denen man viel über die Inselgesellschaft lernt, z. B. **The Great Yacht Race** oder **The Lunatic**, Kingston Publishers. Amüsant ist der kleine Sprachführer von Annette Kühnel **Patois für Jamaica** aus der Kauderwelsch-Reihe des P. Rump Verlages.

Eine Insel stellt sich vor

1981 im Alter von 36 Jahren, aber seine Musik hört man noch immer in der ganzen Welt. Eine Legende, nicht nur für die Musikgeschichte, sondern auch für die Nation Jamaika und nicht zuletzt für die Rastafaris, deren berühmtester Vertreter er war. Der Geburtsort Bob Marleys ist das Dorf Nine Mile in der Gemeinde St. Ann, noch immer jedes Jahr Pilgerstätte für Tausende von Fans.

Heutzutage ist es allerdings mehr die **Dancehall Music**, welche die Jugend in Schwung bringt, eine Art gerappter Reggae – für ungeübte Ohren gewöhnungsbedürftig. Interpreten dieser Dancehall Music sind die DJs. Anfangs einfache Discjockeys, die irgendwo im Freien ihre meterhohen Lautsprecherwände aufbauten, sind jetzt einige von ihnen weltberühmte Stars geworden, die ihre eigenen Kompositionen intonieren. Zweimal im Jahr, zum Reggae Sun Splash und Reggae Sumfest, treffen sie sich zum mehrtägigen Showdown. Hübsch anzuhören ist die melodische Umgangssprache, die man zwar, ebenso wie auf den anderen Antillen, als **Patois** bezeichnet, die aber doch ein jamaikanisches Eigenleben führt. Für den Fremden völlig unverständlich bis auf das gedehnte »mahn« (man = Mann, Mensch), das in fast jedem Satz auftaucht. Viele Wörter sind afrikanischen Ursprungs, aufgemischt mit einer Art verballhorntem Pidgin-Englisch und Ausdrücken der britischen Sprache des 17. Jahrhunderts. Was einem im Gedächtnis bleibt, sind Ausdrücke wie »cool, mahn«, »cool runnings, mahn« oder das allgegenwärtige »irie`« (toll, wahnsinnig) aus dem Rasta-Slang, das die Hälfte aller T-Shirts ziert.

Eine jamaikanische Familie auf dem Lande zeigt sich trotz bescheidener Verhältnisse stolz vor ihrem Eigenheim.

Ein Leben auf Jamaika

Statistisch betrachtet kommen Jamaikaner als arme Mädchen auf dem Lande zur Welt, denn die Insel hat Frauenüberschuß. Das Mädchen wird entweder von ihrer Mutter großgezogen oder, falls diese einen Job hat, von der Tante oder Großmutter. Der Vater unterstützt die Familie, besucht sie und hält die Beziehung zu Mutter und Kind aufrecht, hat aber gleichzeitig noch weitere Freundinnen und Nachkommen.

Das Leben auf dem Lande ist nicht nur für unsere Begriffe ärmlich. Es gibt zwar Elektrizität, aber weder Telefon und selten Leitungswasser im Haus. Die Frauen kochen auf offenen Holzkohlefeuern, meist im Freien.

Schule und Job

Nur wenige Eltern können sich die Schuluniform leisten, geschweige denn Bücher. Resultat ist deswegen oft nur ein höchst kurzfristiger Schulbesuch. Wechseln Mädchen zur höheren Schule, so verfolgen sie diese eher bis zum Abschluß als Jungen. Die Universität wiederum wird mehr von letzteren besucht, während Mädchen eine Ausbildung im Tourismus, im Krankenhaus oder in der Sekretärinnen-Schule machen. Jungen, die nur die Volksschule beendet haben, verdingen sich als Handwerker oder im Touristengewerbe. Andere gehen fischen oder farmen und verkaufen ihre Produkte auf Märkten oder an Hotels. Manche dealen mit ganja, Marihuana, werden higgler, fliegende Händler, oder hustler, Gigolos, die versuchen, den Touristen ihr Geld aus der Tasche zu ziehen bzw. ihre berühmt-berüchtigte Virilität zu vermarkten. Nur ein Bruchteil der Bevölkerung verdient mehr als das Existenzminimum.

Ansprache ist erwünscht

Für Touristen ist es einfach, die Augen vor der wirtschaftlichen Misere Jamaikas und der Armut zu verschließen. Hocken sie doch in ihren komfortablen Hotelanlagen, wo sie nur auf Lächeln trainierten schwarzen Angestellten begegnen, immer ein »no problem« auf den Lippen. Wenn sie am Strand oder auf der Straße angemacht werden, dann sind sie furchtbar genervt. Würden die Touristen, anstatt sich brüskiert abzukehren, eine Unterhaltung beginnen, könnten sie schnell feststellen, wie sich der eben noch auf Dollar fixierte Jamaikaner als fröhlicher Gesprächspartner entpuppt.

Auch wenn's ihnen wirtschaftlich schlecht geht, die Insulaner sind ein gastfreundliches Volk und sehr willig, einen an ihrem Leben, ihren Gedanken, ihrem Spaß teilhaben zu lassen.

Schwindelfrei muß man schon sein, denn eine Kokospalme wird bis zu 30 m hoch, und erst nach sieben Jahren kann eine Kokosnuß geerntet werden.

Eine Insel stellt sich vor

Anreise und Ankunft

Neun bis dreizehn Stunden Flug sind nicht gerade ein Katzensprung. Doch noch am Tag der Ankunft können Sie in die lauen Fluten eintauchen.

Mit dem Flugzeug Viele Wege führen nach Jamaika, doch am schnellsten geht's nonstop mit der LTU ab Düsseldorf, Berlin und München nach Montego Bay bzw. mit der Condor ab Frankfurt. Auf allen anderen Flugverbindungen muß man umsteigen, hat aber den Vorteil, an jedem gewünschten Tag ans Ziel zu gelangen. Beispielsweise mit der Lufthansa nach Miami, von dort weiter mit Air Jamaica. Oder mit Martinair über Amsterdam bzw. mit Air Jamaica über London. Flüge ab Deutschland liegen je nach Saison zwischen 1100 und 1950 DM. Preislich interessant sind natürlich die Last-Minute-Angebote, mit denen man schon ein 14tägiges Reisepaket für 1800 DM bekommen kann.

Mit dem Schiff Regelmäßige Schiffsverbindungen von Europa aus gibt's nach Jamaika nicht.

Ab Miami oder San Juan/Puerto Rico indes starten Kreuzfahrten, die in Montego Bay, Ocho Rios, Port Antonio oder Kingston für einen Tag haltmachen. Im Winterhalbjahr werden diese Kreuzfahrten häufiger als im Sommer angeboten.

Amerikanische Karibik-Kreuzfahrtschiffe machen regelmäßig von Miami oder San Juan kommend auch für einen Tag Station auf Jamaika.

ANREISE UND ANKUNFT

Auskünfte und Buchungen in Deutschland Fast alle großen Reiseveranstalter haben Jamaika im Programm, besondere Wünsche erfüllen Karibik-Spezialveranstalter. Buchungen nehmen Sie am besten im Reisebüro vor.

Vom Flughafen zum Urlaubsort

Ist der Transfer in Ihrem Reiseprogramm inbegriffen, erhalten Sie einen entsprechenden Voucher mit dem Namen der Agentur, die einen Repräsentanten zum **Sangster Airport** in Montego Bay schickt. Alternativ können Sie im Reisebüro einen Transfer dazubuchen, beispielsweise bei **JUTA** (Jamaika Union of Travellers). Für einen Wagen, der bis zu fünf Leute mitnimmt, zahlen Sie zwischen zehn und 20 US-Dollar zu den verschiedenen Hotels in und um Montego Bay, 70 US$ nach Ocho Rios oder Negril.

Wer nicht in Eile ist, kauft sich nach Ankunft ein Transfer-Ticket bei Tropical Tours am Schalter außerhalb der Gepäckausgabe. Eine Fahrt nach Ocho Rios oder Negril kostet etwa 15 US-Dollar. Allerdings muß man sich meist viel Zeit nehmen und so lange warten, bis der klimatisierte **Kleinbus** voll besetzt ist.

Taxis stehen ebenfalls am Flughafen zur Verfügung. Wer mit ihnen zum Hotel fahren will, sollte eine ungefähre Ahnung haben, wie weit der Weg ist, um mit dem Chauffeur den Preis aushandeln zu können.

Für manche Strecken, zum Beispiel von Montego Bay nach Port Antonio, Negril, Ocho Rios oder Kingston, lohnt sich ein Flug mit dem Air Jamaica Express. Das spart Zeit und im Verhältnis zum Taxi zumindest bei nur einer reisenden Person Geld, denn die Flüge kosten ca. zwischen 50 und 100 US$. Buchungen macht man am besten schon daheim über das Reisebüro.

Wichtig für den Rückweg: Beim Abflug werden 500 J$ bzw. 15 US$ Airporttax fällig.

Auskunft

Jamaica Tourist Board (JTB)
Postfach 900437
60444 Frankfurt
Tel. 0 61 84/99 00 44
Fax 99 00 46
Vor Ort: Im Flughafen von Montego Bay befindet sich ein Schalter von JTB in der Ankunftshalle vor der Paßkontrolle.

Air Jamaica
– Auf Jamaika:
Maria McDonough
51 Knutsford Blvd.
Kingston 5
Tel. 00 18 76-9 35-51 41
Fax 00 18 76-9 29-56 43
– In Europa:
Tony Cowles Central House
Lampton Rd., Hounslow
Middlesex, TW31HY
Tel. 00 44-1 81-5 70-91 71
Fax 00 44-1 81-5 77-29 95

Internet

www.jamaicatravel.com
www.airjamaica.com
www. jamaica-irie.com
www.karibik.org

MIT UND OHNE AUTO

Im Bus geht es fröhlich zu, und preiswert ist es auch. Doch Sie brauchen Geduld. Mit dem Auto im jamaikanischen Verkehr – ein kleines Abenteuer, wagen Sie es.

Mietwagen Wer sich zutraut, links zu fahren und mit der höchst rasanten und risikoreichen Fahrweise der einheimischen Verkehrsteilnehmer klarzukommen, dazu über das nötige Budget verfügt, der sollte sich für Inseltouren einen Mietwagen nehmen. Pro Tag werden dafür bei unbegrenzter Kilometerzahl zwischen 60 und 80 US$ verlangt, plus zehn Prozent Steuern. Die Versicherungsbedingungen variieren je nach Vermieter. Achten Sie unbedingt darauf, daß Sie gegen Unfälle so gut wie möglich versichert sind. In der Regel müssen Sie bei Schäden trotzdem einen Eigenanteil zwischen 1000 und 2000 US$ berappen.

Der nationale Führerschein wird anerkannt, allerdings stellen manche Vermieter die Bedingung, daß der Fahrer mindestens 25 Jahre alt sein muß. Per Gesetz sind es 21 Jahre. Als Sicherheit reicht der unterschriebene Blankoabzug der Kreditkarte. Einige Vermieter verleihen ihre Wagen auch schon gegen Vorauskasse. Doch zählen diese oftmals nicht unbedingt zu den zuverlässigsten und die Autos nicht zu den sichersten.

Die Reise mit einem öffentlichen Bus zählt sicherlich zu den größeren Abenteuern, denen sich ein Jamaikatourist freiwillig stellen wird.

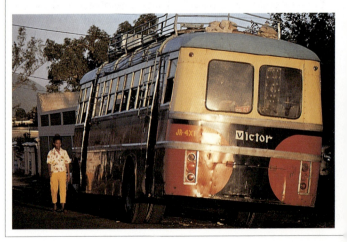

MIT UND OHNE AUTO

Bevor Sie losfahren, überprüfen Sie auf alle Fälle den Zustand von Reifen, Beleuchtung, allen Bremsen. Achten Sie darauf, daß ein Ersatzreifen sowie Werkzeug vorhanden sind.

Wichtig: Eine rechtzeitige Reservierung insbesondere für kleine, preiswerte Mietwagen ist auch außerhalb der Saison notwendig.

Wenn Sie ganz sicher gehen wollen, buchen Sie den Wagen bereits daheim im Reisebüro über **Holiday Autos**. Dann sind im Preis alle Versicherungen inklusive.

Vorsicht: Insbesondere auf der Strecke zwischen Negril und Ocho Rios kommt es häufig vor, daß ein Jamaikaner, sobald man irgendwo anhält, bittet, mitgenommen zu werden. Im Prinzip nichts Schlimmes. Nur die Tatsache, daß er hinterher dafür oft auch noch Geld verlangt, wirft ein schlechtes Licht auf die Aktion. Im Landesinneren hingegen sind die Einwohner in manchen Teilen auf Mitfahrgelegenheiten angewiesen. Dann haben Sie vielleicht das Glück, hinterher zu ihnen nach Hause eingeladen zu werden.

Autovermieter
Montego Bay
Avis
Tel. 9 52-45 41 und 9 52-45 43
Island car rentals
Tel. 9 52-57 71
Hertz
Tel. 9 52-42 50
Dhana Car Rental
Tel. 9 53-95 55
Fax 8 39-58 64
Ochos Rios

ISPO Car Rental
Tel. 9 75-47 72 und 9 74-45 93
Fax 9 74-49 78
Sie können den Wagen aber auch über das Hotel buchen.

Motorräder Zum Anmieten eines Motorrades sind weder Führerschein noch Helm notwendig. Die Preise pro Tag liegen je nach Kubikmeterleistung zwischen 20 und 50 US$.

Vermieter
Montego Bay
Montego Bike Rentals
Tel. 9 52-49 84
Negril
Holiday Bike Rental
Tel. 9 57-49 68

Öffentliche Verkehrsmittel Rund um Kingston und entlang der Nordküste zwischen Negril und Ocho Rios verkehren die öffentlichen **Busse** noch ziemlich regelmäßig. Sie halten an bestimmten Haltestellen, ihr Ziel steht an der Windschutzscheibe, auf der Strecke stoppen sie auf Winkzeichen. Allerdings sind sie erfahrungsgemäß brechend voll, man hockt nicht selten zwischen gackerndem Federvieh und unter allen möglichen mehr oder weniger großen Gepäckstücken und Kisten und wird mit ohrenbetäubender Musik unterhalten. Dennoch eine durchaus abwechslungsreiche und vergnügliche Angelegenheit, wenn man die Umstände ertragen kann. Auf denselben Strecken verkehren meist auch **Kleinbusse**, in ihnen geht es etwas geordneter zu. Einmal am Tag verkehrt frühmorgens ein Bus nonstop zwischen Port Antonio und MoBay. Schwieriger wird's, per Bus ins Landesinnere zu kommen bzw. wieder an die Küste zurück.

Taxis Es gibt zwei Sorten von Taxis. Die mit rotem Nummernschild und die, die ihre Lizenz von **JUTA** (Jamaika Union of Travellers) bekommen haben. Letztere kosten etwas mehr, sind aber auf Touristen spezialisiert. Die Chauffeure spielen auch gerne Reiseleiter und geben auf Ihre Fragen Auskunft. Es bringt meistens mehr Spaß, mit ihnen durch das Land zu fahren, als mit organisierten Busausflügen. Wichtig ist nur, daß man den Preis vorab aushandelt. Wer dies zum ersten Mal ausprobiert und sich damit noch nicht auskennt: Beim Jamaika Tourist Board gibt es eine Liste, auf der die von der Regierung vorgeschlagenen Maximalraten verzeichnet sind. Wer sich zum Beispiel abends in ein Lokal kutschieren läßt, vereinbart außer dem Preis am besten mit dem Fahrer auch gleich einen Zeitpunkt für die Rückfahrt.

Chauffeur: R. A. Larry
Montego Bay
Tel. 9 52-74 46
Preis pro Tag für max. 4 Personen 130 US$

Die Kilometerangaben sagen nichts über die Zeit aus, die man braucht, um auf Jamaika von Punkt A nach B zu kommen. Logisch: je mehr Bergetappen, desto mehr Zeit. Aber auch durch das hügelige und flache Gelände braucht man meist länger als erwartet: zum Beispiel Port Antonio nach Kingston 2,5 bis 3 Stunden, von Negril nach Treasure Beach 2 bis 2,5 Stunden oder von Montego Bay nach Negril 1,5 bis 2 Stunden.

Entfernungen (in km) zwischen wichtigen Orten auf Jamaika

	Black River	Falmouth	Kingston	Mandeville	Montego Bay	Negril	Ocho Rios	Port Antonio	St. Ann's Bay	Spanish Town
Black River	–	100	172	69	74	79	151	251	140	140
Falmouth	100	–	146	85	37	121	71	177	60	124
Kingston	172	146	–	98	192	246	87	98	95	23
Mandeville	69	85	98	–	113	148	114	188	100	76
Montego Bay	74	37	192	113	–	84	108	214	97	169
Negril	79	121	246	148	84	–	188	291	177	224
Ocho Rios	151	71	87	114	108	188	–	106	11	64
Port Antonio	251	177	98	188	214	291	106	–	118	113
St. Ann's Bay	140	60	95	100	97	177	11	118	–	72
Spanish Town	140	124	23	76	169	224	64	113	72	–

HOTELS UND ANDERE UNTERKÜNFTE

Preiswerte Gasthäuser oder Luxushotels – Jamaika bietet für jeden Geschmack etwas. Die größte Auswahl finden Sie zwischen Negril und Port Antonio.

Die Qual der Wahl einer Unterkunft ist auf Jamaika zweifelsohne größer als auf den meisten anderen Antillen-Inseln. Zwar fällt das Gros der Hotels in die Kategorie Mittelklasse. Doch darunter bzw. darüber bietet so manche Anlage für weniger Geld Witzigeres und liegt viel schöner oder entpuppt sich, weil sämtliche Einrichtungen inklusive sind, letztendlich doch als die preiswertere Alternative.

Wie also auswählen? Wer am liebsten ungebunden mit kleiner Reisekasse unterwegs ist und sich gern unter das Volk mischt, findet auf Jamaika jede Menge Unterkünfte für 30 bis 70 US-Dollar. Luxusverwöhnte können zwischen zahlreichen **exklusiven Anlagen** wählen, die am Rande oder außerhalb der touristischen Zentren von Montego Bay, Ocho Rios oder Port Antonio liegen, in der Regel über einen Privatstrand sowie eigene Sportmöglichkeiten wie Golf- und Tennisplätze, Reitpferde und/oder Segeljollen verfügen.

Auch für **Selbstversorger** ist das Angebot groß. Es handelt sich freilich überwiegend um feudale Villen, die mit Personal zu mieten sind. Die Anzahl der Schlafzimmer und ihre Lage zum Meer ist ausschlaggebend für den Preis. Durchschnittlich muß mit 150 bis 200 US-Dollar pro Schlafraum und Nacht bei einem Mindestaufenthalt von einer Woche gerechnet werden. Wer in kleiner Gruppe reist, kommt damit nicht selten preiswerter davon als mit Zimmern in Luxushotels. Vom Erlebnis, sich vom eigenen Personal verwöhnen zu lassen, ganz zu schweigen. Als Trinkgeld erwarten die dienstbaren Geister 10 bis 15 Prozent des Mietpreises.

Alles inklusive Eine Besonderheit Jamaikas sind die All-inclusive-Hotels, die sich entlang der Nord- und Westküste verteilen. Die meisten stehen nur Paaren offen, manche nur Singles, während andere für Familien sehr gut geeignet sind. Ihr Konzept richtet sich mehr nach den Urlaubsgepflogenheiten der Amerikaner. Und es suggeriert, daß das Leben außerhalb des Resorts derart gefährlich ist, daß man es am besten nicht verläßt. Durch die Abschottung der Touristen werden leider auch jegliche Bemühungen um Verständnis zwischen den Einheimischen und Inselgästen unterbunden. Ganz davon abgesehen, daß sich touristische Kleinbetriebe und Lokale kaum halten können, weil All-inclusive-Gäste kein Geld außerhalb ihres Hotels

Hotels und andere Unterkünfte

lassen. Unter diesen Aspekten ist es vielleicht nicht verwunderlich, wenn nicht alle Jamaikaner weiße Ausländer lieben.

Die meisten Unterkünfte bewegen sich wie gesagt in der Kategorie **Mittelklasse**. Bei ihnen sollte man ganz besonders auf ihre Lage und den Zugang zum Strand achten. Außer in Negril verfügt Jamaika im Bereich der Touristenzentren nur über wenige öffentliche, überwiegend kleine Strände. Auch wer abends gern ausgeht, wählt besser ein nahe den Ortszentren gelegenes Haus. Taxis sind relativ teuer, öffentliche Verkehrsmittel zu später Stunde nicht vorhanden. Urlauber, die nur Frühstück im Preis eingeschlossen haben, sollten berechnen, daß die Nebenkosten in den Hotels oft hoch sind.

Im allgemeinen sind Zimmer in Mittelklassehotels und die All-inclusive-Anlagen über **Reiseveranstalter** preiswerter zu buchen als vor Ort. Bei Luxusherbergen hingegen spart man bei einer Direktbuchung häufig einige hundert DM für den Gesamtaufenthalt, vor allen Dingen außerhalb der Hochsaison. Dann sind die Zimmer etwa 30 bis 50 Prozent billiger. Der Preis ist nicht selten verhandelbar. Auch Einzelzimmer, für die die Veranstalter in der Regel einen Aufschlag verlangen, kosten direkt gebucht weniger. Obendrauf kommen bei Direktbuchung in der Regel 12,5 Prozent Steuern und 10 Prozent service charge.

Auf eigene Faust Individuelle, meist sehr charmante Häuser sind in der beim JTB erhältlichen Broschüre **The Insider's Inn** of Jamaica zusammengefaßt. Zusammen mit dem Programm **Drive Jamaica** können Sie die Insel so auf eigene Faust entdecken. Pro Person im Doppelzimmer inklusive voll versichertem Auto kostet eine Woche ca. 850 DM.

MERIAN-TIP

Good Hope Great House Die 15 Kilometer lange Straße von Falmouth ist mit Schlaglöchern übersät. Ehemalige Sklavenhäuser und eine alte Zuckermühle mit Wasserrad kündigen das Plantagenhaus an. Im georgianischen Stil 1755 gebaut und unlängst renoviert, wurde es zum Hotel umfunktioniert. Ein Hauch der alten Kolonialzeit weht durch die mit antikem Mobiliar bestückten Wohnräume. Man wohnt im Haupt- oder Kutschenhaus oder ganz romantisch im ehemaligen Kontor mit Zugang zum Privatstrand. Herrlich sind die angebotenen Reittouren. 10 Zimmer, Tel./Fax 9 53/95 63, Luxusklasse (AE, EC, Visa) ■ D 2

HOTELS UND ANDERE UNTERKÜNFTE

In der Hauptsaison: vorab reservieren Die Hauptsaison auf Jamaika beginnt kurz vor Weihnachten und dauert bis Ostern. Wer zur Zeit des **Reggae Sunsplash** bzw. Reggae Sumfest einen Urlaub plant, sollte sich rechtzeitig um eine Unterkunft bemühen. Dann gibt's in Hotels aller Kategorien einen Engpaß.

Alternativer Tourismus Die **JACHA** (Jamaica Alternative Tourism, Camping & Hiking Association) vermittelt preiswerte Plätze zum Campen und Zimmer in Gästehäusern. Außerdem bietet sie Wander- und Naturprogramme.
P.O. Box 216
Kingston 7
Tel. 9 27-20 97
Weitere Adressen finden Sie unter den jeweiligen Orten.

Eine der Luxusvillen mit eigenem Pool des Half Moon Hotels in Montego Bay. Jedes Haus hat eine eigene Köchin (→ S. 41).

Auskünfte und Buchungen von Villen bei
JAVA-Jamaica Association of Villas and Apartments
Pineapple Plan
P.O.Box 298
Ocho Rios
Tel. 8 76/9 74-25 08

Hotels sind bei den einzelnen Orten im Kapitel »Sehenswerte Orte und Ausflugsziele« beschrieben.

Preisklassen

Die Preise beziehen sich auf ein Doppelzimmer ohne Frühstück in der Nebensaison, ohne tax und service charge, wenn es direkt gebucht wird.
Luxusklasse ab 150 US$
Obere Preisklasse ab 100 US$
Mittlere Preisklasse ab 50 US$
Untere Preisklasse unter 50 US$

Essen und Trinken

Nyam, nyam – das heißt essen
auf jamaikanisch. So wie's klingt, schmeckt es auch. Mal süß und fruchtig, mal scharf: ein kulinarisches Abenteuer.

Die Jamaikaner zählen zwar nicht gerade zu den Gourmets, doch ihre Küche wartet mit Spezialitäten auf, die innerhalb der karibischen Welt einmalig sind – man muß sie nur finden! Manches typische Gericht steht inzwischen auf den Menükarten der Hotelrestaurants. Viel preiswerter sind die Restaurants außerhalb der Hotels. Echte Jamaika-Kost wird selten auf weißgedeckten Tischen bei Kerzenschein serviert, eher in Buden und rustikalen Lokalen, die auf den ersten Blick weder besonders hygienisch noch gemütlich aussehen. Doch wer sich traut, dort zu speisen, wird Überraschungen erleben, kulinarischer und finanzieller Art.

Jamaikanische Spezialitäten Sicherlich nicht für jeden Magen geeignet, doch für den Mutigen durchaus empfehlenswert ist ein typisch einheimisches Frühstück. Da gibt's am frühen Morgen schon Leber mit grünen Kochbananen, Rindereintopf, sogar Kutteln mit Bohnen. Das berühmte Nationalgericht **ackee'n saltfish** schmeckt zu jeder Tageszeit. Ackee ist eine Frucht, die, wenn ausgereift, knallrot wird und aufbricht. Gelbes Fleisch mit schwarzen Kernen quillt heraus.

Zu den beliebtesten Spezialitäten der Insel zählen Bammies (Gebäck aus Maniokmehl) und Johnny Cakes (Mehlknödel).

ESSEN UND TRINKEN

Erst dann ist sie eßbar. Unreif sind Ackees giftig. Mit entsalzenem, gekochtem und zerdrücktem Stockfisch, vermengt mit roten Paprika und Zwiebeln, schmeckt das Ganze ähnlich wie ein herzhaftes Rührei.

Als kleinen Snack zwischendurch gibt es verschiedene gebackene oder in Öl gebratene Teigpasteten. Mal mit Gemüse gefüllt wie beim **akkra**, mal mit Fisch wie beim **stamp & go**. Sehr beliebt ist Gebäck, beispielsweise **bammy** aus Maniokmehl oder **Johnny Cakes**.

Eine berühmte, zum Teil höllisch scharfe Spezialität ist das **jerk-pork** bzw. **jerk-chicken**, Barbecue auf jamaikanisch. Sie wurde von den Maroons entwickelt, wie entlaufene bzw. freigelassene Sklaven hießen, die sich in den Bergen versteckt hielten. Sie jagten Wildschweine und kochten sie in flachen Mulden über Holzkohle. Um den Wildgeschmack zu übertünchen, rieben sie das Fleisch mit Pfeffer und allerlei anderen scharfen Gewürzen ein. Noch heute ist das Wichtigste die Marinade, in der die Stückchen vom Schwein, Huhn oder Fisch eingelegt werden, bevor sie langsam und zugedeckt über dem Feuer in ausgedienten Ölfässern brutzeln. Sie besteht aus bis zu 35 verschiedenen Ingredienzien, unter anderem Pfeffer, Chilis, Muskat, Zimt, Knoblauch, Schalotten und Salz. Boston Bay ist die Bastion des **jerk-meats**, aber diese Zubereitungsart ist mittlerweile über die ganze Insel verteilt. Diese Spe-

Jamaikas Nationalfrucht ist die Ackee, die, sobald sie reif ist, knallrot wird und auseinanderbricht. Unreif und ungeöffnet ist sie jedoch giftig.

zialität wird ausschließlich an kleinen Straßenständen verkauft, man muß nur dem Duft folgen. Auf der Karte von Lokalen mit »Jamaican food« steht meist **goat curry**: Ziegeneintopf, der mit Mango- und Ananas-Chutney am besten schmeckt.

Zu den typischen Gemüsen der Insel gehören **cho-cho**, auch **christophine** genannt, aus der Familie der Kürbisse, **callalou**, eine Art Spinat, der in der Suppe auf den Tisch kommt, zum Beispiel im sehr herzhaften **pepperpot**. Die Brotfrucht brachte Captain Bligh 1793 aus Polynesien hierher, ein kohlehydratreiches Gemüse, welches damals als billiges Mahl für Sklaven gedacht war.

ESSEN UND TRINKEN

Als Beilage werden oft **rice 'n peas** serviert. Letzteres können auch Bohnen sein, die mit Zwiebeln in Öl und Kokosmilch gekocht werden.

Köstliches aus dem Meer Fisch und Meeresfrüchte stehen in der Beliebtheitsskala ganz oben. Die leckeren Langusten, gekocht, gegrillt oder gedünstet, können sich freilich nur die Touristen leisten. Die Jamaikaner hingegen favorisieren die **pepper shrimps**, die scharf gewürzt und auf Spieße gesteckt entlang der Straße rund um Middle Quarters nördlich von Black River verkauft werden. **Escoveitch fish**, vom spanischen escabeche abgeleitet, steht häufiger auf den Speisekarten. Er schmeckt säuerlich und kommt in Begleitung von kleingeschnittenem Gemüse auf den Tisch. Und wer das alles zu Hause nachkochen will, findet in den Buchläden vor Ort eine gute Auswahl an Rezeptbüchern.

Getränke Leitungswasser trinkt man besser nicht, statt dessen abgefülltes aus Flaschen. Kohlesäurehaltiges Wasser ist nicht überall erhältlich, und wer sich auf **creme soda** einläßt, wird seinen Durst kaum löschen können, denn es schmeckt zuckersüß. So viele verschiedene Früchte es gibt, so wenig frisch gepreßte Fruchtsäfte bekommt man. Köstlich schmeckt das Wasser von frisch aufgeschlagenen grünen Kokosnüssen, die in kleinen Buden an der Straße angeboten werden.

Hinter der Bezeichnung **tea** verbirgt sich nicht immer das Getränk, das wir kennen. Zumindest, wenn man es in einheimischen Lokalen oder Buden bestellt. Heiß ist er zwar immer, aber manchmal schmeckt er nach Fisch, manchmal nach Ingwer. Und hin und wieder kommt es vor, daß man die Lokalität nach dem Trunk leicht schwebend verläßt. Dann wurde er aus **ganja**

MERIAN-TIP

Jerk-Meat-Buden An den berühmtesten Buden mit jerk-pork bzw. -chicken, den scharf marinierten und gegrillten Fleischstückchen, wird nicht nur gegessen. Eine der schönsten mit Garten und Musik ist **Native Jerk Ltd.** (■ d 3, S.39) auf dem Hügel am Ende der Market Street. Bei Klängen von Reggae und Dancehall speist man lecker im **Jerk Centre** (■ b 2, S.55) in Ocho Rios. Das Pork Pit (■ a 3, S.39) in Montego Bay ist nicht nur Eßstation, sondern auch Treffpunkt. Am Wochenende tobt hier häufiger die Big Dancehall Party. Das original jerk an der Boston Bay (■ L 3), südöstlich von Port Antonio, schmeckt auch nicht besser als anderswo.

Essen und Trinken

gebraut, dem Marihuana Jamaikas. Eine andere Wirkung verspricht das **Irish moss**, ein gelartiger Extrakt aus Algen, der mit Milch, Muskat oder Rum aufgemischt wird. Ihm sagt man aphrodisierende Kräfte nach.

Der wahre Bierkenner muß sich vielleicht erst an das **Red Stripe**, Jamaikas besten Hopfensaft, gewöhnen, ansonsten läuft es süffig und stets gut gekühlt die durstende Kehle hinunter.

Wer harte Sachen gewöhnt ist, sollte sich auf Jamaika ruhig einen Rum genehmigen, und zwar ohne Cola und Eis. Das soll nämlich sogar verstimmte Mägen wieder auf Vordermann bringen. Die Mischung Rum plus Saft wird in vielen Varianten angeboten. Zu den besten zählen **Planter's Punch**, **Daiquiri** oder **Rumpunch**. Die einzigen, die auf Jamaika nicht auf ihre Kosten kommen, sind Weintrinker. Natürlich bekommt man in den feineren Restaurants verschiedene Weine, doch Qualität und Preis sind unbefriedigend. Und daran trägt nicht unbedingt der weite Transport die Schuld.

Restaurants sind bei den einzelnen Orten im Kapitel »Sehenswerte Orte und Ausflugsziele« beschrieben.

Preisklassen

Die Preise gelten in der Regel – Ausnahmen bilden die Imbißbuden – für ein Drei-Gänge-Menü ohne Getränke und Trinkgeld.
Luxusklasse ab 60 US$
Obere Preisklasse ab 40 US$
Mittlere Preisklasse ab 20 US$
Untere Preisklasse unter 20 US$,
An den genannten Buden reichen meist 2–5 US Dollar

Die in Jamaika gebraute Biersorte Red Stripe sollte man, sofern sie gut gekühlt ist, ruhig einmal probieren, auch wenn sie für europäische Gaumen gewöhnungsbedürftig scheint.

Einkaufen

Fröhlichbunte Souvenirs sind überall erhältlich. Wer sich etwas Mühe gibt oder einfach nur Glück hat, findet sogar außergewöhnliches Kunsthandwerk.

Wichtigste Regel beim Shopping: Alles, was außerhalb der Hotels verkauft wird, ist preiswerter als drinnen. Und: Wer gute Qualität will, muß lange suchen. Nicht vergessen: handeln und nochmals handeln.

Man unterscheidet zwischen **Inselprodukten** und **Duty-free-Waren**. Letztere sind nicht unbedingt preiswerter als daheim. Es lohnt sich, vor der Reise Erkundigungen einzuziehen, wenn Sie sich für Kameras und Elektrogeräte, Uhren, Gold oder Spirituosen, Parfums oder Zigaretten interessieren. Alles, was nicht konsumierbar ist, darf gleich mitgenommen werden. Der Rest bleibt bis zur Ausreise am Flughafen.

Kunsthandwerk und Massenware Zum Aufstöbern besonderer Inselprodukte gehört ein gewisser Spürsinn. Manches Kunsthandwerk verdient den Namen kaum, unterscheidet sich nicht von dem in der restlichen Karibik und stammt zum Teil aus asiatischen Massenproduktionen. Anderes wiederum – zum Beispiel Malereien, Holzskulpturen oder Goldgeschmiedetes – kann

Verweilen Sie ruhig etwas länger auf den craft markets und in den Läden von Kingston, Montego Bay oder Ocho Rios. Neben zahlreichen originellen Mitbringseln findet sich dort auch Nützliches.

durchaus auch höheren Qualitätsansprüchen genügen. Selbst Modebewußte können ein paar originelle, gutgearbeitete Teile finden.

Souvenirs ... Shops sind überall dort anzutreffen, wo der Touristen-Dollar rollt. Neben den Läden, die die qualitätsvolleren handgefertigten Mitbringsel feilbieten, säumen Buden mit Massenprodukten – Strohwaren, Puppen, Hüte, T-Shirts, Tischdecken oder samtene Landkarten – die Gassen der **craft markets**, die von der Regierung gesponsort werden. Sie locken in allen Urlauberzentren der Insel. Wer mit den reichlich angebotenen **Muschel-** und **Korallenprodukten** liebäugelt, sollte nicht vergessen, daß Meer und Riffe unter ihrer Entnahme leiden. Von Kämmen, Schnallen oder Broschen aus **Schildpatt** lassen Sie besser ganz die Finger. Die Einfuhr dieser Schmuckstücke ist nach dem Washingtoner Artenschutzabkommen verboten und wird mit hohem Bußgeld bestraft.

... und Kunstwerke Sehr stolz sind die Jamaikaner auf ihre international anerkannte **Mal-** und **Bildhauerkunst.** Individualität und Qualität zeichnen sie aus. Bemerkenswert aber auch die Preise. Ein Schnäppchen schlägt höchstens der Kunstkenner, der Werke noch unbekannter Maler und Bildhauer aufstöbert. Sie werden oft am Wegesrand feilgeboten. Über die Inselstrände hinaus berühmt sind Maler wie John Dunkley und Henry Daley, deren künstlerisches Schaffen aus den dreißiger und vierziger Jahren stammt, oder zeitgenössische Künstler wie Karl Parboosingh, Carl Abrahams, Eugene Hyde, Ralph Campell oder Gloria Escoffery. Wenn Sie sich für deren Werke interessieren, müssen Sie allerdings in die Inselhauptstadt Kingston fahren.

MERIAN-TIP

Things Jamaican Mekka des Kunsthandwerks. In historischem Gemäuer gibt's vom gedrechselten Himmelbett bis zur Holzskulptur, von der handgestickten Tischdecke bis zum antiken Wandbehang alles, was das Herz begehren könnte und der Geldbeutel zu zahlen imstande ist. Devon House, 26 Hope Road., Kingston, Tel. 9 29-66 02, mit Filialen im Norman Manley International Airport, Kingston, 44 Fort Street, Montego Bay, Tel. 9 52-56 06, und im Sangster Airport, Montego Bay, Tel. 9 52-19 36. ■ C 1

Einkaufen

Kulinarische Mitbringsel Doch auch diejenigen, die weder das Budget für echte Kunst haben noch gewillt sind, ihr Geld für Handgewerkeltes auszugeben, müssen nicht ohne Mitbringsel heimfliegen. Einige typische kulinarische Köstlichkeiten können daheim zweifelsohne schöne Urlaubserinnerungen wecken. Blue-Mountain-Kaffee oder Rum beispielsweise, Marmeladen, Konfitüren oder Gebäck aus Jamaikas Früchten, Jerk-Saucen, Gewürze, Chutneys oder Honig. Zu finden sind diese Erzeugnisse in Supermärkten oder in kleinen Shops und Buden mit hausgemachten Leckereien.

Fröhliche Klamotten Die Produkte jamaikanischer Modedesigner, mal mehr, mal weniger professionell gearbeitet, finden Sie überall dort, wo Touristen sind. Weniger gute Qualität wird durch Originalität wettgemacht. Man muß ja hier nichts für die Ewigkeit kaufen. In puncto witziger T-Shirt-Sprüche sind die Insulaner höchst kreativ, in fröhlichen Bildaufdrucken nicht minder. Schade ist nur, wenn die Farben nicht echt sind und die bunten Bilder nach der ersten Wäsche verlaufen. Doch keine Angst, das passiert selten. Einige Shops bieten sehr farbenfrohe, zum Teil handgemalte Stoffe an. Fragen Sie gleich nach, ob sie an Ort und Stelle weiterverarbeitet werden können. Am besten, Sie lassen dann Größe und Schnitt von Ihren mitgebrachten Kleidungsstücken kopieren.

Musik für Zuhause Was ruft Jamaika schneller wieder in Erinnerung als seine Musik? CDs, Kassetten und Schallplatten mit Inselmusik finden Sie überall. Wichtig nur, daß Sie sich vor dem Kauf das Gewünschte vorspielen lassen. Zumindest bei Kassetten aus Eigenproduktionen kann es nämlich passieren, daß die Qualität der Aufnahme nicht sonderlich gut oder die Kassette nicht voll bespielt ist. Der Rest ist dann Schweigen. Über das, was musikalisch jeweils in ist, informiert unter anderem die Website www.dancehallreggae.com – auch Bob Marley wird durch Texte, Bilder, Videoclips und Audiodateien unter www.bobmarley.com präsentiert.

Öffnungszeiten Es gibt keine gesetzlichen Ladenöffnungszeiten. Die meisten Geschäfte sind montags bis samstags zwischen 9 und 17 Uhr geöffnet. Falls Kreuzfahrer landen, verlängern sich die Zeiten in den von ihnen besuchten Orten entsprechend. Duty-free-Shops schließen erst nach ihrer Abfahrt. In den Souvenirmärkten und Buden der Straßenhändler kann man auch noch lange nach Sonnenuntergang shoppen, meist auch sonntags.

Die handgefertigten Holzskulpturen mit ihrer farbenprächtigen Bemalung haben auch unter Kunstkennern Anerkennung gefunden.

EINKAUFEN

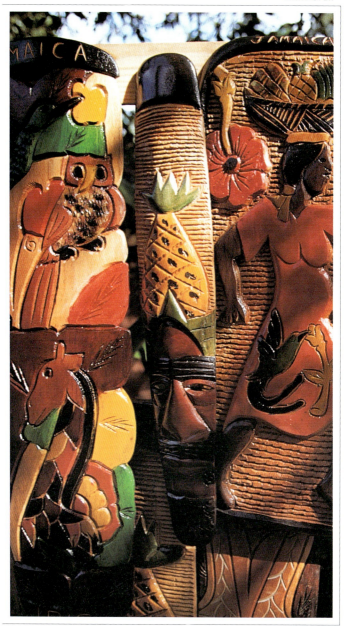

Mit Kindern unterwegs

Eine besondere Erfahrung ist es, mit seinen Kindern hier den Urlaub zu verbringen, denn Jamaikaner lassen schon den Kleinsten außerordentlich viel Freiheit.

Abgesehen von einigen Hotels gibt es kaum speziell auf Kinder ausgerichtete Plätze. Was unter anderem daran liegt, daß die kleinen Jamaikaner sich an genau denselben Plätzen vergnügen wie die Großen: Es gibt keine Trennung zwischen jung und alt. Kinder toben in den Parks, an den Stränden und in den Straßen. Man nimmt sie mit zum Picknick, in die Kirche und auch, soweit es sich die Eltern finanziell erlauben können, mit ins Restaurant.

Keine Langeweile

Häufig sieht es aus, als ob die Kinder ganz auf sich allein gestellt sind, aber die Größeren haben früh gelernt, auf die Kleineren aufzupassen, und die Mütter können sich darauf verlassen. Wer seine Zwerge mitbringt, muß keine Angst haben, daß sie sich langweilen. Schnell werden sie in die Spielgruppen zum Beispiel am Strand aufgenommen, und man wundert sich nur, wie sie sich ohne Sprachkenntnisse miteinander verständigen.

Kinderstrände

Sicherlich ist nicht jeder Strand als Kinderspielplatz geeignet. Schon deswegen nicht, weil einige steil ins Meer abfallen. Andere wiederum, wie beispielsweise Negril, Bloody Bay, Bluefields Bay, Puerto Seco Beach und Runaway Bay, werden viele Meter weit von seichten Wassern umspült. Solche Strände sind dann ein ideales Revier zum Planschen (→ S. 32/34).

Besonders wichtig bei der Auswahl eines geeigneten Badeplatzes für Kinder sind nahe gelegene Erfrischungs- und Verpflegungsmöglichkeiten. Während es an den öffentlichen Stränden meist Imbißbuden gibt, sind an den hoteleigenen Sandgefilden derartige Bedürfnisse nicht unbedingt den ganzen Tag lang zu befriedigen – von den Luxushotels mal abgesehen. Aber in solchen sind zumindest die Jüngsten häufig unerwünscht.

Kindergärten und Babysitter

In manchen Hotels gibt es eine Art Kinderhort oder auf Wunsch Babysitter. Am besten erkundigen Sie sich bereits bei der Buchung, welche Möglichkeiten es für Kinder gibt. In abgelegenen Resorts könnte es sonst passieren, daß sich die Sprößlinge zu Tode langweilen, wenn sie keine geeigneten Spielkameraden finden.

Mit Kindern unterwegs

Hotels für Kinder

Boscobel Beach ◼ G 2
Jamaikas erstes All-inclusive-Resort, das sich ausschließlich auf Familien spezialisiert hat. Kinder unter 14 Jahren, pro zahlendem Erwachsenen eines, dürfen kostenlos mit im Zimmer nächtigen. Ausgebildetes Personal kümmert sich um die Kleinen.
P.O. Box 63, Ocho Rios
Tel. 9 74-33 31, Fax 9 57-73 70
193 Zimmer
Obere Preisklasse (AE)

Franklyn D. Resort ◼ F 2
Pinkfarbenes Neokolonialhotel in Runaway Bay, wo zu jeder Ein-, Zwei- oder Drei-Schlafzimmersuite ein »Girl Friday« zur Verfügung steht. Der gute Geist sozusagen, eine Art Au-pair-Mädchen, das sich um das Wohl der Familie und ganz besonders um das der Kinder kümmert. Im Preis ist alles inbegriffen.
P.O. Box 201, Runaway Bay
St. Ann
Tel. 9 73-30 67, Fax 9 73-30 71
150 Suiten
Luxusklasse (AE, EC, Visa)

Shaw Park Beach Hotel ◼ G 2
In dem Familienhotel gibt's »The Minnow Club«, dessen buntes Programm speziell für Kinder entwickelt wurde. Die Teilnahme ist für die Kleinen von 2 bis 12 Jahren kostenlos.
P.O. Box 17, Ocho Rios
Tel. 9 74-25 52, Fax 9 74-07 82
119 Zimmer
Luxusklasse (AE, DC, EC, Visa)

Trelawney Beach Hotel ◼ D 1
Dieses Resort, ca. zehn Minuten von Falmouth entfernt, liegt zwar isoliert, dafür besticht die Atmosphäre durch erfrischende Freundlichkeit. Für Kinder wurden spezielle beaufsichtigte Tagesprogramme entwickelt. Sprößlinge unter 14 Jahren wohnen im Sommer kostenlos im Zimmer der Eltern.
P.O. Box 54, Falmouth
Tel. 9 54-24 50, Fax 9 54-21 73
350 Zimmer und Bungalows
Obere Preisklasse (AE, DC, EC, Visa)

Die flach abfallenden Strände sind für Kinder ein idealer Spielplatz.

Sport und Strände

Cricket, Fußball und Polo lieben die Jamaikaner besonders. Der Tourist muß auf fast keine Sportart verzichten. Und Strände gibt's für jeden Geschmack.

Für Sportler ist die Insel ein Paradies. Das fängt beim Joggen an: Kein Strand eignet sich besser für einen ausgedehnten Dauerlauf als der von Negril bzw. die eine Bucht weiter gelegene Bloody Bay. Für Mountainbiker ist das bergige Gelände ideal, allerdings bringen Radelfreaks besser ihr Stahl- bzw. Aluroß mit.

Es lohnt sich, für den Transport der eigenen Sportausrüstung bei LTU und Condor nachzufragen. LTU befördert zum Beispiel Sportgeräte je nach Größe und Gewicht für 30 bis 60 DM. Besitzer der LTU Card haben 30 Kilogramm frei. Jamaikas koloniale Vergangenheit präsentiert sich noch heute in den Zuschauersportarten. Am beliebtesten ist Cricket, ein Ballspiel auf dem grünen Rasen. An zweiter Stelle rangiert der Fußball. Die Spiele werden nicht weniger begeistert verfolgt, als man es von heimischen Fans gewohnt ist. Eine hundertjährige Tradition hat das Polo-Spiel. Die Schirmherrschaft über die alljährliche Clinic in der Chukka Farm nahe Ocho Rios liegt in Händen von Captain Mark Philipps, dem Ehemaligen von Prinzessin Anne.

Wer Golf spielen möchte, auf den warten im Golfmekka der Karibik gleich elf Championship-Plätze.

SPORT UND STRÄNDE

Fischen

Sowohl das Fluß- als auch das Hochseefischen sind sehr beliebt. Entsprechende Touren bzw. Boote vermittelt in der Regel das Hotel. Der am besten ausgerüstete Hafen ist der von Port Antonio.

Golf

Im Laufe der letzten Jahrzehnte wurden auf Jamaika einige der schönsten und anspruchsvollsten Golfplätze der Karibik angelegt, wodurch die Insel zur offiziellen PGA-Destination wurde. Insgesamt stehen elf Championship Links zur Verfügung, allein vier rund um Montego Bay. Auch wenn man kein Hotelgast ist, genügt in der Regel ein Anruf, um einen Termin zu vereinbaren.

Montego Bay ■ C 1/C 2
Tryall Golf Club (par 70)
Tel. 9 56-5 66 03

Half Moon Golf Club (par 72)
Tel. 9 53-31 05

Wyndham Rose Hall (par 72)
Tel. 9 53-26 50

Ironshore Golf and Country Club (par 72)
Tel. 9 53-28 00

Negril ■ A 3
Negril Hills Golf Club (par 72)
Tel. 9 57-46 38

Runaway Bay und Ocho Rios
■ F 2/G 2
SuperClubs Golf Course Club (par 72)
Tel. 9 73-25 61

Eine informative Broschüre über »Jamaica Golf« erhalten Sie beim JTB.

Mountainbiking

Jamaikas bergiges Landesinnere wird zunehmend Ziel der Biker. Einige Organisationen stellen Touren für Profis und Amateure zusammen.
Blue Mountain Tours, Ltd.
West Palm Ave.
Port Antonio ■ K 3
Tel. 9 93-22 42

Reiten

Eine reizvolle Alternative, Jamaikas Hinterland mit seinen Plantagen, Pinienwäldern, Bächen und Wasserfällen kennenzulernen, bieten Ausritte. Einige Ställe sind das ganze Jahr über geöffnet, manche nur im Winter bzw. den restlichen Teil des Jahres nur nach Vereinbarung.

Chukka Cove Farm ■ F 2
(bei Reservierung: P.O. Box 160)
Ocho Rios, St. Ann
Tel. 9 72-25 06

Rocky Point Stables ■ C 1
Montego Bay
Tel. 9 53-22 86

Rodes Hall Plantation ■ A 3
Negril
Tel. 9 57-42 58

Schnorcheln und Tauchen

Lagunen entlang der Nordküste laden mit über 50 verschiedenen Korallenarten zum Schnorcheln ein. Etwas weiter draußen sind größere Meeresbewohner anzutreffen. Zu den besten Tauchregionen der Karibik gehört Jamaika freilich nicht, dazu ist schon zuviel der Unterwasserwelt zerstört worden. Auskunft über Jamaikas beste Tauchspots erhalten Sie im Marine Labratory in Discovery Bay. Dort gibt es auch eine Dekompressionskammer.

Sport und Strände

Sea World ■ C 1/C 2
im Cariblue Hotel, Montego Bay
Tel. 9 53-21 80

Sun Divers ■ G 2
Ocho Rios
Tel. 9 73-23 46

Aqua Actions ■ K 3
San San Beach, Port Antonio
Tel. 9 93-33 18

Negril Scuba Centre ■ A 3
Negril Beach Club
Tel. 9 57-44 25

Segeln

Hotelanlagen mit eigenen Stränden bieten, wenn sie geschützt liegen, Jollensegeln an. Wer sich aus der Bucht ins Meer vorwagt, sollte genau wissen, wie man mit dem Boot umgeht. Relativ ungefährlich ist die Bucht von Negril.

Tennis

Tennisplätze sind reichlich vorhanden. Sie gehören meist zu Hotelanlagen. Sollte die gebuchte Anlage keine haben, so wird man Ihnen an der Rezeption in benachbarten Hotels einen Platz arrangieren.

Wandern

Wandern bzw. Bergwandern liegt im Trend. Eines der besten Programme bietet Valley Hikes in Port Antonio (Tel./Fax 9 93-25 43) an. Vielseitig ist auch JACHA (Jamaica Alternative Tourism, Camping & Hiking Association, Tel. 9 27-20 97). Wer den Blue Mountain Peak besteigen will, sollte sich wegen eines Führers an John Allgrove oder an Peter Bentley wenden. Letzterer offeriert auch Camping-Ausflüge und Rafting-Touren.

John Allgrove ■ H 4/I 4
8 Armon Jones Crescent, Kingston 6
Tel. 9 27-09 86, nach 17 Uhr

Peter Bentley ■ H 4/I 4
Maya Lodge, Peter Rock Rd.
Jacks Hill, Kingston 6
Tel. 9 27-20 97

Windsurfen

Zum Lernen eignet sich die Bucht von Negril, entsprechendes Material wird am Strand oder in den Hotels dort verliehen. An der Nordküste stellen einige Hotelanlagen Bretter zur Verfügung. Hier kann der Wind nachmittags auf dem freien Meer schon mal kräftig auffrischen.

Strände

Im Prinzip gibt's jede Menge schöner Strände, nur nicht immer dort, wo man sie eigentlich vermutet, etwa in Montego Bay oder Ocho Rios. Dort sind die öffentlichen Sandstreifen schmal und kurz, entsprechend voll, und meist wird noch Eintritt verlangt. Die schöneren Strände gehören meist zu Hotelanlagen. Wer mehr Platz am Strand sucht, sollte Negril als Urlaubsziel wählen. Hier wird sogar Oben-ohne geduldet, und auf der kleinen Insel Booby Cay darf man ganz hüllenlos in der Sonne liegen. Ansonsten ist an allen öffentlichen Stränden Oben-ohne oder FKK verpönt, Oben-ohne wird nur an den Privatstränden der Hotels akzeptiert.

Die Bucht von Negril bietet besonders für Anfänger ideale Surf- und Segelbedingungen (→ S. 72).

SPORT UND STRÄNDE

Sport und Strände

Bloody Bay ■ A 2
Dieser meilenlange, schmale Strandstreifen nördlich von Negril gehört immer noch zu den schönsten Stränden der Insel.

Bluefields Bay ■ B 3
Wer von Negril zu einer Tour gen Süden startet, sollte hier einen Stopp einlegen. Bluefields Bay ist ein Familienstrand für Einheimische mit hartem weißen Sand, der sanft ins Meer fällt.

Boston Beach ■ L 3
Ein herrlicher Naturstrand, der höchstens am Wochenende belebt ist. Allerdings ist das Baden wegen des hohen Wellenganges sehr gefährlich. Ein ausgesprochen scharfer Tip ist die Jerk-Bude an der Straße.

Doctor's Cave Beach ■ C 1
Das berühmteste aller Sandgefilde in Montego Bay, der auf Initiative des Tourist Boards verlängert wurde. Das neue Stück heißt Cornwall Beach und wird inzwischen von einem Hotel in Beschlag genommen.
Eintritt 40 J$

Frenchman's Cove ■ K 3
Hohe grünbewachsene Felsen zu beiden Seiten und ein Flüßchen, das ihn teilt, machen den breiten, aber kurzen Strand zum spektakulärsten von ganz Jamaika. **TOP**
Für Verpflegung wird gesorgt, allein der Weg ist weit. Ca. 12 km hinter Port Antonio.
Eintritt 40 J$

Negril Beach ■ A 3
Über 10 km lang schmiegt sich der schmale Sandstreifen entlang der sichelförmigen Long Bay. Hier wird alles geboten, was das Herz eines Wassersportlers begehrt, inklusive der lärmenden Jet-Skis.

Treasure Beach ■ D 5
Etwa 1 km lang präsentiert er sich feinsandig in gelbgräulich. Aufpassen muß man an diesem meist leeren Strand auf die teils starken Unterströmungen.

Winnyfred's Beach ■ L 3
Der Weg in die hübsche Strandbucht zweigt beim Hotel Crest in Fairy Hill links ab. Hier tummeln sich überwiegend Jamaikaner.

MERIAN-TIP

Cricket Keine Angst, Sie müssen die komplizierten Regeln des Spiels nicht verstehen, um sich zu amüsieren. Die feuchtfröhliche und familiäre Atmosphäre rund ums Spielfeld gibt Ihnen auch so einen guten Einblick in dieses Freizeitvergnügen der Jamaikaner. Cricketspiele finden nur zwischen Januar und August statt, die wichtigsten im **Sabina Park** in Kingston (■ b 5/c 5, S. 82). Fragen Sie in Ihrem Hotel nach den Terminen. **Wandern** Ein fabelhaftes Erlebnis ganz anderer Art sind die Wandertouren ab Port Antonio mit Valley Hikes. Dabei lernen Sie die Flora und Fauna und die Gastfreundschaft der Einheimischen kennen.

FESTE UND FESTSPIELE

Reggae und Dancehall Music

gehen ins Blut und in die Beine – Grund genug zu feiern. Die Jamaikaner tun's gerne und oft. Machen Sie einfach mit.

In Jamaikas Festkalender paart sich eine erquickliche Mischung karibischer Folklore mit Besonderheiten aus aller Welt. Am berühmtesten ist der Reggae Sunsplash, der lange Zeit immer im Juli in Montego Bay stattfand. Nun tobt er mal in Ocho Rios oder fällt auch mal ganz ins Wasser. Zu den festen Daten im August gehört das Reggae Sumfest in Montego Bay, sicherlich nicht weniger spektakulär, auch wenn sein Ursprung nicht so lange zurückliegt. Einige zigtausend Fans versammeln sich, um fünf Nächte lang die berühmtesten Stars der Reggae- und Dancehall-Szene zu feiern.

Durchhaltevermögen gefragt

Wer beim Reggae Sunsplash oder Sumfest teilnehmen möchte, braucht gutes Durchhaltevermögen. Für gewöhnlich treten die ersten Musiker nicht vor zehn Uhr abends auf. Die bekanntesten Interpreten kommen in den frühen Morgenstunden auf die Bühne. Für die Jamaikaner Grund genug, noch einmal richtig loszulegen, mitzusingen und zu tanzen. Für Getränke und Speisen ist rund um den Festplatz gesorgt. Wer müde wird, kann sich für ein paar Dollar ein **Reggae Bed** zulegen. Ein Stückchen Pappkarton, auf dem man sich irgendwo zusammenrollt. Zimmer sind während dieser Zeit rund um den Veranstaltungsort äußerst knapp.

Feuchtfröhliche Parties

Eine weitere Besonderheit ist Boonoonoonoos – ein Patois-Ausdruck, unter dem eine Serie von wöchentlichen feuchtfröhlichen Jamaika-Parties zu verstehen ist. Es sind touristische Veranstaltungen, in denen clevere Organisatoren versuchen, Inselflair zu vermitteln. Sie finden in bzw. in der Nähe der Urlauberzentren statt. In Negril tobt der Bär in verschiedenen »Reggae Lounges«. In Montego Bay wird an jedem Montag abend ein Teil der Glouchester Avenue zur **Mo Bay Nite out** für den Verkehr gesperrt. Mento und Steel Bands sorgen für Stimmung. In Ocho Rios gibt's eine **Night on the White River** mit Kanufahren, reichlich Getränken und Tanz. Rund um Weihnachten mehren sich Reggae-Konzerte mit berühmten Interpreten. Auf Ankündigungen achten!

Die folgende Liste kann nur einen Teil der jährlichen Festivitäten wiedergeben. Weitere Informationen erhalten Sie beim Jamaica Tourist Board (→ S. 112).

Feste und Festspiele

Januar
Accompong Maroon Festival
Am 6. Tag diesen Monats wird General Cudjoes Sieg über die Briten zelebriert. Mit historischen Kriegstänzen und Liedern, viel zu essen und trinken. Es findet in der Kindah Region statt, in der Friedensgrotte. In die Höhle dürfen nur echte, d. h. Nachkommen der Maroons, der tapferen, kampfstarken Sklaven.

Februar
Annual Bob Marley Birthday Bash
Bob Marleys Geburtstag am 6. Februar wurde inzwischen zum nationalen Feiertag ernannt. Vier Tage lang heizen berühmte Reggae-Stars wie Ziggy Marley, I-Threes oder Burning Spear das Volk an. Der Platz wechselt, häufig findet das Fest in Nine Mile, St. Ann, statt, dem Geburtsort des am 1. Mai 1981 verstorbenen Musikers.
Auskunft: Tuff Gong Studios,
Tel. 9 23-93 80 und 9 23-93 84.

Jamaica Music Industry (JAMI) Awards
Preisverleihung an die besten Interpreten des Reggae, Folksongs und klassischer Musik im historischen Ward Theater in Kingston.
Auskunft: Tel. 9 22-70 71

März
Montego Bay Song Festival
Wettbewerbe in Mento, Soca und Reggae.

April
Orange Carnival
In Kingston und Port Royal. Wurde inspiriert durch den Karneval in Trinidad mit Strandpartys, Paraden und Rum satt. Der Jamaica Carnival findet Ende März bis Anfang April an verschiedenen Orten statt.

Mai
Jamaica Hot Air Balloon Festival and Air Show
Zu dieser drei Tage dauernden Veranstaltung in Montego Bay kommen Ballonfahrer aus aller Welt. Auskunft: JTB (→ S. 112)

Negril Carnival
Ende des Monats spielt Jamaikas Police Band auf, dazu Jukanoo Dancing und Mento-Band-Wettbewerbe.
Auskunft: Tel. 9 57-44 37

MERIAN-TIP

Karneval Vor ein paar Jahren wurde der Karneval neu ins Leben gerufen. Zeitungen berichteten, daß in Kingston fast ein Viertel der Bevölkerung Jamaikas auf die Straße zog, zu Kostümparaden, Calypso- und Reggae-Partys. Man spricht jetzt schon von einem zweiten Rio de Janeiro. Das ist sicherlich übertrieben, aber riesigen Spaß macht es trotzdem, und der Schweiß fließt ebenso schnell wie der Rum. Auch in Ocho Rios und Montego Bay können Sie mitfeiern, vorausgesetzt, Sie sind zur Zeit des **Jamaica Carnival** im Lande. Er findet für gewöhnlich Ende März bis Anfang April statt. Auskunft: Jamaica Tourist Board (→ S. 112)

FESTE UND FESTSPIELE

Juli
National Dance Theater Company
Die Saison beginnt im Little Theater in Kingston.
Auskunft: Tel. 9 26-66 03

August
Reggae Sumfest
Ein fröhliches Fest in Montego Bay, das sich neben dem Reggae Sunsplash entwickelt hat, der hier einst stattfand. Mitte August.

Unabhängigkeitsfestival
Die alljährliche Bühne für talentierte Jamaikaner für Tanz, Drama, Literatur, Schöne Künste und Musik, eine Woche lang vor dem Unabhängigkeitstag am 6. August in Kingston.

Unabhängigkeitstag
5. August: Feste, Galas, Paraden und viel Musik auf der ganzen Insel.

Great Bay Carnival
Am Treasure Beach wird mit Bootsregatten, traditionellen Tänzen und allerlei Maroon-Festivitäten gefeiert.
Auskunft: JTB (→ S. 112)

September
Air Jamaica Jazz and Blues Festival
Mit prominenten nationalen und internationalen Künstlern hat sich diese Jazzveranstaltung am James Bond Beach mittlerweile fest etabliert. Termine bitte erfragen.
Auskunft: Tel. 9 22-34 60

Miss Jamaica Beauty Contest Coronation Show
Wer die schönsten Mädchen Jamaikas bewundern will, muß sich nach Kingston aufmachen.
Auskunft: Tel. 9 27-75 75

Dezember
Junkanoo
Dieser Brauch mit Maskeraden und Tänzen wurde in den fünfziger Jahren wiederbelebt. Wahrscheinlich wurde er usprüglich in Afrika zum Erntedankfest abgehalten.

Die zahlreichen Open-air-Festivals haben immer Saison und begeistern mit Reggae oder Dancehall Music das Publikum.

DER NORDEN: MONTEGO BAY

Kolumbus landete einst hier.
Heute tummeln sich an der Nordküste die meisten Touristen. Montego Bay ist dabei Dreh- und Angelpunkt geworden.

Montego Bay ■ C 1/C 2
92 000 Einwohner
Stadtplan → S. 39

Jamaikas moderner Tourismus ging von Montego Bay aus, und für manche ist die Küste zu beiden Seiten der Stadt noch immer der Inbegriff vom Urlaub in der Karibik. Doch in den letzten beiden Jahrzehnten zog der Tourismus weitere Kreise, setzte sich entlang des flachen Felsenufers fort, das immer wieder von hübschen Sandbuchten und Naturhäfen unterbrochen, von winzigen vorgelagerten Inseln geschmückt und von reizvollen Riffen geschützt wird. Ein ausgeglichenes Klima mit Regenschauern und angenehmer Brise läßt die schwüle Luft nicht zu heiß werden. Charakteristisch für diese Region ist gen Osten eine wellige Hügellandschaft, auf der Kokospalmen und Zuckerrohr gedeihen und Rinder sich wohl fühlen, gen Westen mit höherem Niederschlag eine dschungelartige Landschaft. Abwechslung zum Strandaufenthalt bieten Wasserfälle und Flüsse, die einladen, erklettert bzw. mit dem Floß erkundet zu werden.

Die Stadt ist der zweitwichtigste Ort nach Kingston. Hier landet man, wohnt man oder läßt sich in andere Urlauberzentren bringen. Kolumbus nannte die Bucht »Schön-Wetter-Golf«. Sicherlich besser passend als der Ursprung der Bezeichnung Montego. Er geht auf »manteca« (Schweineschmalz) zurück und bezieht sich auf das erste Handelsgut des Ortes. Erst später wurde Montego Bay zum Hauptausfuhrhafen für Zucker und Bananen.

Nachdem Port Antonio als Jamaikas Mekka gutbetuchter Urlauber in Vergessenheit geriet – vielleicht, weil es zuwenig Strand, dafür zuviel Regen gab –, setzte in den sechziger Jahren der Tourismus in Montego Bay ein.

Seitdem hat er sich langsam in die grünen Hügel hineingefressen. Abgesehen von ein paar Häusern um und in der Nähe des ehemaligen **Paradeplatzes** – The Cage, St. James Church und Burchell Memorial Baptist Church – und einigen noblen Residenzen ist aus der alten Zeit kaum Interessantes übriggeblieben.

Architektur

Der Baustil rund um den **Sam Sharpe Square** ist eine Mischung von Plantagen-Eleganz und moderneren Shopping Malls. Recht bunt und fröhlich erscheint die **St. James Street**, Hauptbummelstraße am späten Nachmittag.

Hier bekommt man anhand vieler Poster Auskunft, wo wann was stattfindet. Die **St. James Parish Church** auf der Church Street westlich des Platzes gilt als eine der besten Beispiele für koloniale Sakralbauten des 19. Jahrhunderts. Allerdings stammt der heutige Kirchenbau, im Grundriß eines griechischen Kreuzes angelegt, erst von 1957. Die ursprüngliche Kirche wurde durch ein Erdbeben zerstört und originalgetreu wieder aufgebaut.

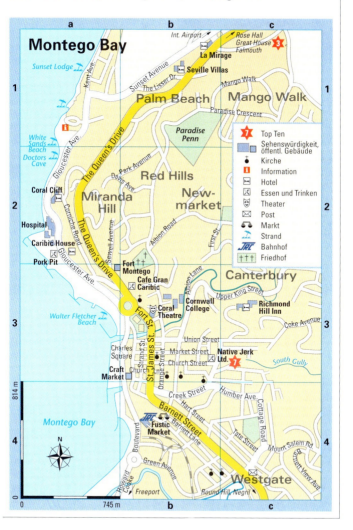

DER NORDEN: MONTEGO BAY

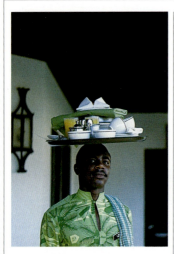

Diesen gekonnten Balanceakt bekommt man hin und wieder im Halfmoon Club zu sehen.

Fort Montego

Geht man auf der Fort Street entlang und über den Miranda Hill auf dem Queen's Drive spazieren, kann man die kläglichen Überreste des Fort Montego bewundern. Drei seiner ehemals 17 Kanonen sind noch vorhanden und auf die Bucht gerichtet. Man weiß nichts Genaues über den Ursprung dieser Festung.

Seine Chronik allerdings berichtet von allerlei merkwürdigen Verfehlungen: Der erste Kanonenschuß von 1760, zur Feier der Kapitulation Havannas, tötete aufgrund der Explosion des Geschützes den Kanonier. Später, anno 1795, wurde auf ein Schiff im Hafen geschossen. Man vermutete französische Piraten darauf. Es entpuppte sich jedoch als britischer Frachter mit Hunden nebst ihren Händlern an Bord, die zur Jagd auf entlaufene Sklaven bestellt worden waren. Niemand wurde jedoch getroffen.

Freeport

Südlich des Montego River gelegen, entstand auf der aufgeschütteten Halbinsel in den sechziger Jahren der größte Hafen der Nordküste. Hier landen die Kreuzfahrer, hier locken einige Shoppingkomplexe, hier liegt der Montego Bay Yacht Club und das Gelände des Bob Marley Memorial Centres, auf dem alljährlich im August das Reggae Sumfest abgehalten wird. Die Stadt selbst zählt jedoch nicht gerade zu den architektonischen Juwelen der Insel.

Armut und Strandleben

Auf einer Fahrt durch die Hügel von Mo' Bay kann man gut das Ungleichgewicht zwischen arm und reich erkennen. In den ärmlichen Hütten entlang Upper King Street und Brandon Hill entspricht das jährliche Einkommen der Bewohner dem Betrag, den ein Besucher für eine Woche Urlaub auf Jamaika zahlt.

Das Touristenviertel erstreckt sich entlang der verkehrsreichen Gloucester Avenue und ist ein buntes Sammelsurium von Hotels, Lokalen und Shops. Brauchbare öffentliche Strände sind **Doctor's Cave Beach** und **Walter Fletcher Beach**.

MONTEGO BAY

Hotels/andere Unterkünfte

Caribic House ◼ a 2
Kleines, unprätentiöses Haus gegenüber Doctor's Cave Beach. »The best deal in town.«
Gloucester Avenue, White Sands Beach P.O. Box 212
Tel. 9 79-03 22, Fax 9 52-50 13
15 Zimmer
Untere Preisklasse (AE, EC, Visa)

Coral Cliff ◼ a 2
In dem gemütlichen Hotel schwingt ein Hauch koloniales Flair. Es liegt etwas von der Straße zurückversetzt, aber wer Ruhe sucht, sollte auf ein Zimmer im hinteren Bereich bestehen. Die lokale Kost des Verandalokals ist lecker und preiswert.
Gloucester Avenue, P.O. Box 253
Tel. 9 52-41 30, Fax 9 52-65 32
30 Zimmer
Mittlere Preisklasse (EC, Visa)

Half Moon Golf, Tennis & Beach Club
Auf gut 200 ha ist hier alles vereint, was den Urlaub höchst komfortabel und dabei sportlich gestaltet. Außer den normalen Zimmern gibt es verschieden große Suiten und Villen, mit und ohne eigenen Pool und Personal. Am langen Privatstrand werden Segeljollen und Windsurfbretter verliehen. Des weiteren stehen Tauchshop, Tennis- und Squashplätze, ein 18-Loch-Golfplatz sowie Reitpferde zur Verfügung. Im Half Moon Village kann man einkaufen und speisen. Im Restaurant sollte Sakko getragen werden.
P.O. Box 80
Montego Bay, Rose Hall ◼ C 1
Tel. 9 53-26 15, Fax 9 53-27 31
425 Zimmer, 20 Villen
Luxusklasse (AE, EC, Visa)

La Mirage Hotel ◼ b 1
Ein hübsches Plätzchen mit dem besten Preis-Leistungs-Verhältnis in der unteren Kategorie. Es liegt nur wenige Minuten zu Fuß von downtown und Strand entfernt.
8 Queen's Drive
Tel. 9 52-46 37
40 Zimmer
Mittlere Preisklasse (AE, EC, Visa)

Richmond Hill Inn ◼ c 3
Sehr elegantes, in altem Stil dekoriertes ehemaliges Plantagenhaus mit hervorragender Küche, großem Pool und Blick auf's Meer.
Union Street on Richmond Hill
Tel. 9 52-54 32, Fax 9 52-60 16
23 Zimmer
Obere Preisklasse (EC, Visa)

Rose Green Guesthouse
Außerhalb der Stadt, ca. 15 Fahrminuten östlich des Airports gelegen, lebt man in dieser sauberen, kleinen Lodge quasi bei Jamaikanern zu Hause. Es gibt ein lokales Frühstück.
Greenside District, Falmouth P.O.
Trelawny Parish ◼ D 1
Tel. 9 54-31 77
5 Zimmer
Untere Preisklasse

Round Hill Hotel and Villas
Auf einer 40 ha großen Halbinsel gelegen, erhielt die »Grand Dame« der Hotellerie Jamaikas unlängst ein Facelifting. In puncto Design stand dabei Ralph Lauren zur Seite, der hier seit 15 Jahren eine Villa besitzt. Die Chance, den Champagner an der Bar mit Prominenten zu schlürfen, ist hoch.
An der A1 gen Westen ◼ B 1
P. O. Box 64
Montego Bay
Tel. 9 52-51 50, Fax 9 52-25 05
36 Zimmer und 27 Villen
Luxusklasse (AE, DC, EC, Visa)

DER NORDEN: MONTEGO BAY

Seville Villas und Appartements ■ b 1

Keine einzelne Anlage, sondern auf drei verschiedene Standorte in Montego Bay verteilt. Das Gästehaus auf dem Sunset Boulevard ist das beste Angebot und liegt dicht am Zentrum. Die Appartements auf der Sewell Ave. haben kleine Küchen.
Zu buchen über:
Tel. 9 52-28 14, Fax 9 52-55 09
Appartements: Mittlere Preisklasse
Villen: Obere Preisklasse
(AE, DC, EC, Visa)

Tryall Golf, Tennis & Beach Club

Diese exklusive 1100-Hektar-Anlage mit dem 155 Jahre alten Plantagenhaus nebst herrlichen Villen zieht sich entlang des Golfplatzes – der unter Experten als der schönste von Jamaika gilt – vom Strand bis hoch in die grünen Hügel. Sie liegt abgeschieden etwa 20 km von Montego Bay entfernt.
Sandy Bay, Hannover ■ B 2
Tel. 9 56-56 60, Fax 9 56-56 73
69 Villen
Luxusklasse (AE, DC, EC, Visa)

Museen 🏛

Rose Hall Great House

Das alte Plantagenhaus, um 1770 erbaut, inmitten eines herrlichen Parks, gilt als das schönste von Jamaika. Mit sehr viel Sachverstand und noch mehr Geld wurde es von den jetzigen Besitzern John und Michelle Rollins restauriert und mit Antiquitäten ausgestattet. Man fühlt sich um hundert Jahre zurückversetzt. Doch nicht nur die Architektur zieht die Touristen an. Jeder Besucher hofft, der weißen Hexe Annie Palmer zu begegnen, die hier spukt. Sie soll 1831 von einem Liebhaber ermordet worden sein. Zur Sühne für die Verflossenen und Sklaven, hatte sie doch ihre Mitmenschen in höchstem Maße malträtiert. Zum Haus gehört ein hübsches Restaurant und ein Shop.
Rose Hall ■ C 1
Tgl. 10–17.30 Uhr
Eintritt 5 US$

TOP TIP 3

Die Rose Hall von Montego Bay gilt zu Recht als das schönste Plantagenhaus Jamaikas.

MONTEGO BAY

Essen und Trinken

Cafe Gran Caribic ■ b 3
Man sitzt strategisch günstig an der Straße, hat Blick auf den Eingang von Doctor's Cave Beach und läßt sich mit frischen Säften, gutem Kaffee, Salaten oder einem »chicken stew« verwöhnen.
Gloucester Avenue
Tel. 9 79-03 22
Untere/Mittlere Preisklasse

Georgian House ■ b 3
Das liebevoll restaurierte Haus gilt als historisches Denkmal mit viel romantischem Charme. Das Restaurant im Untergeschoß hat die Atmosphäre eines English Pub, oben sitzt man auf Möbeln aus dem 18. Jh. unter riesigem Kronleuchter. Alternativ kann man sich auch draußen auf der Terrasse zwischen Springbrunnen und Marmorfiguren niederlassen. Zu den Spezialitäten gehört der Lobster Newburg, nach einer hauseigenen Geheimrezeptur zubereitet.
2 Orange Street
Tel. 9 52-06 32
Luxusklasse (AE, DC, EC, Visa)

Il Giardino/Sakura/Seagrape Terrace/Royal Stocks/Sugar Mill
Mit dem verspielt barocken Italiener im Hauptflügel sowie dem japanischen Sakura im Village darf man das Half Moon (→ Hotels, S. 41) getrost als **die** kulinarische Hochburg Jamaikas bezeichnen. Daneben gibt's noch das Seagrape mit großer Terrasse und Blick auf Meer und Strand. Man speist bei Kerzenschein, am besten die lokalen Spezialitäten wie »smoked marlin«, »callaloo soup« oder auch »jerk-pork« und »chicken«. Das Sugar Mill liegt am Golfplatz, ein heimelig-elegantes Lokal mit verfeinerter Jamaika-Küche und guten Steaks. Das Royal Stocks ist ein authentisches English Pub.
Rose Hall ■ C 1
Tel. 9 53-26 15
Luxusklasse (AE, DC, EC, Visa)

Das im Kolonialstil liebevoll restaurierte Georgian House ist ein Restaurant der Luxusklasse und bekannt für seine Hummerspezialität.

DER NORDEN: MONTEGO BAY

Native Jerk Ltd. ■ b 3
Herzhaft bis scharf schmecken »jerk pork« und »chicken«, die stundenlang in einer köstlichen Sauce nach Geheimrezept mariniert wurden. Sehr lecker auch der gedämpfte, geröstete frische Fisch.
56 Market Street
Tel. 9 79-50 63
Untere Preisklasse

TOPTEN 7

Norma at the Wharfhouse ■ C 1
Ein romantisches Plätzchen für besondere Gelegenheiten. Man sitzt auf einem Deck am Meer. Gekocht wird überwiegend jamaikanisch.
Reading Road, St. James
Tel. 9 79-27 45
Obere Preisklasse (EC, Visa)

Pelican ■ a 2
Gilt als die beliebteste Speisestätte der Einheimischen.
Gloucester Avenue
Tel. 9 52-31 71
Untere bis Mittlere Preisklasse

Pork Pit ■ a 2
Gegenüber alter Fletcher Beach gelegen unter einem uralten Silk Cotton Tree, ist das schlichte Terrassenlokal mit Reggaeberieselung die beste Adresse für »jerk food« im Touristenviertel.
27 Gloucester Avenue
Tel. 9 52-10 46
Untere Preisklasse

Sunset Supermarket & Deli ■ a 2
Mittags wird hier feines hausgemachtes Jamaica food zum Mitnehmen verkauft.
Lot 2, Gloucester Avenue
Untere Preisklasse

Town House ■ b 3
Koloniales Flair, sehr gute landestypische Suppen (»pepper pot«, »pumpkin soup«) und leckere Fischgerichte (»red snapper papilotte«) in einem restaurierten Haus aus dem 18. Jh.
16 Church Street
Tel. 9 52-26 60
Obere Preisklasse (AE, DC, EC, Visa)

Einkaufen

Bummeln und einkaufen kann man auf der **Gloucester Ave.** am besten. Läden mit Kunsthandwerk, Dutyfree-Waren und zahlreiche Straßenhändler, die Arme beidseitig mit »Rolex«-Uhren dekoriert, säumen die Straße. Das Angebot im **Craft Market** (■ b 3) zwischen Harbour Street und Cooke Blvd. unterscheidet sich davon kaum. Der einzige Unterschied: Der Verkauf findet in einem geschlossenen Areal statt. Wer sich unbedingt im Bo-Derek-Stil frisieren lassen möchte, kann sich hier die Haare zu Zöpfchen flechten lassen. Weitere Einkaufsmöglichkeiten ohne große Überraschungen gibt es im **City Center Building** auf der Fort Street (b 3), in der **Freeport Shopping Area** (südwestlich ■ a 4) auf der anderen Seite des Montego-Flusses und östlich des Airports im **Holiday Village Shopping Center** (■ C 1).

Bay Art Gallery ■ b 3
Kunst und Kunsthandwerk unter einem Dach, manchmal findet man zwischen den Werken durchschnittlich begabter Künstler auch noch richtige Überraschungen.
St. James Place
Tel. 9 52-76 68

Gallery of West Indian Art ■ b 3
Auch hier kann man nach richtigen Kunstwerken stöbern. Ausgestellt sind Werke einheimischer und anderer karibischer Künstler.
1 Orange Street
Tel. 9 52-45 47

MONTEGO BAY

Markt ▪ b 4
Besonders freitags und samstags quillt der **Fustic Market** nahe Barnett Street beim Bahnhof über vor exotischen Früchten und Gemüsen. Hier kann man Zuckerrohr und frische Kokosnüsse probieren.

Am Abend 🎭

Freitag nachts ist an verschiedenen Plätzen Big Party oder Boonoonoonoos, wie das jamaikanische Touristenamt die Feten nennt, mit deren Hilfe sie überhaupt zustande kommen. An der Walter Fletcher Beach beispielsweise ab 19 Uhr mit Live-Band, Buffet und Bar. Kostet 30 US$ Eintritt, alles inklusive. Auskunft: Tel. 9 74-26 19

Auf der Gloucester Ave. läuft am Montag ab 18 Uhr ein ähnliches Programm, bei dem man nur Snacks und Drinks bezahlen muß.

An jedem Abend kann der romantisch Veranlagte einen **Evening on the Great River** verbringen. Da treibt man im Fackelschein den dunklen Fluß hinunter und beendet das Vergnügen mit Getränken, Essen und Show im neuerbauten **Arawak Village**. Preis 36 US$. Auskunft: Tel. 9 52-50 47

Cave Disco südlich ▪ a 4
Im Seawind Hotel untergebracht, zählt sie zu den beliebtesten »nightspots« der Stadt.

Hemingway's und Walter's ▪ b 3
Die neuesten und zur Zeit beliebtesten »hangouts« direkt nebeneinander auf der Gloucester Ave.

Pier 1 ▪ b 3
Restaurant und Marina direkt am Wasser gegenüber dem Crafts Market haben Freitag nachts ab 22 Uhr zum Schwofen geöffnet. Howard Cooke Blvd.

Sir Winston Reggae Club ▪ a 1
Er gehört zu den ältesten Tanzschuppen von Montego Bay, doch noch immer ist er mit seinen Life-Bands großer Anziehungspunkt für Youngsters und die, die es noch gern sein möchten.
Glouchester/Kent

Service ℹ

Auskunft ▪ a 1

Jamaica Tourist Board (JTB)
Cornwall Beach
Tel. 9 52-44 25

Nützliche Telefonnummern

American Express,
Tel. 9 52-43 50
Doctor's Hospital
Fairfield
Tel. 9 52-16 16
Sangster Airport,
Tel. 9 52-51 60

Post ▪ a 2
Doctor's Cave Beach
Gloucester Avenue
Mo–Fr 8–17 Uhr

Organisierte Touren ▪ a 2
Hauptbüro: Caribic Vacation
Gloucester Avenue
Tel. 9 79-93 87/8

Verkehrsmittel
Man bewegt sich in downtown am besten zu Fuß, für kurze Strecken empfiehlt sich ein Taxi. Man winkt sie heran, zum Beispiel auf Gloucester bzw. Sunset Blvd., und sollte den Preis vor der Abfahrt aushandeln. Taxistände befinden sich gegenüber dem Verkehrsamt und der Cornwall Beach, ein weiterer bei Doctor's Cave Beach. Busse in alle Richtungen fahren vom Depot an der Harbour Street im Zentrum ab.

DER NORDEN: MONTEGO BAY

Ziele in der Umgebung

Falmouth ■ D 1

Ein Besuch des alten Zuckerhafens läßt sich gut mit einer Visite von **Rose Hall** und **Good Hope** verbinden. Man nimmt die A1 nach Osten, legt eventuell einen Stopp im **Jamaica Safari Village** ein und landet 30 km später in Falmouth, das in der zweiten Hälfte des letzten Jahrhunderts seine Blüte erlebte. Noch heute erkennt man an den alten Häusern und Villen, daß hier früher mal viel Geld regiert haben muß. Zwar bröckeln Fassaden, Mauern und Farben, trotzdem ist der Komplex aus der George-Epoche entlang der Market Street besser erhalten als anderswo auf Jamaika. Sehr hübsch der Water Square mit dem kleinen Brunnen, Postamt, Courthouse und der Methodisten-Kirche. Im Zentrum zweigt die Straße zum Plantagenhaus **Good Hope** ab. Die schlaglochgespickte Straße mutet abenteuerlich an. Sie führt an den Rand von Cockpit Country. Good Hope ist als Hotel ausgebaut, ein 300 Jahre altes Juwel, liebevoll restauriert und mit Antiquitäten bestückt. Besucher müssen für die Besichtigung inklusive Tee 10 US$ berappen. Für den Rückweg sollten Sie die Straße durch das Hinterland nehmen. Sie führt über den Martha Brae River nach Wakefield. Unterwegs geht's an Papayaplantagen vorbei, an Pferde- und Rinderweiden. Wenn Sie sich jetzt südwestlich halten und über **Adelphi** kutschieren, können Sie in diesem Nest noch ein schönes Foto von der alten Kirche und der Polizeistation machen.

Good Hope Great House ■ D 2
P.O. Box 50
Falmouth, Trelawny
Tel./Fax 9 54-32 89
10 Zimmer
Luxusklasse (AE, EC, Visa)

Martha Brae River Rafting ■ D 2

Auf dem Martha Brae, der bei Falmouth mündet, dauert der Trip eine halbe bis eine Stunde länger als im Mountain Valley, je nach Wasserstand. Der Fluß entspringt in den Windsor-Höhlen im **Cockpit Country**.

MERIAN-TIP

Croydon Estate Wer würzige Land- und Bergluft schnuppern und etwas über Jamaikas Produkte lernen will, sollte Croydon Estate besuchen, den Geburtsort von Jamaikas Nationalheld Sam Sharpe. Eine herrliche Plantage, auf der Kaffee, Zitrusfrüchte und Ananas angebaut werden. Man kann vom Honig der emsigen Plantagenbienen naschen oder in der Saison frische Fruchtsäfte probieren. Die Plantage liegt bei Catadupa, eine Stunde südlich von Montego Bay an der B6. Besser, man meldet sich vorher an, Tel. 9 79-82 67. Oder fährt organisiert. Ein Ausflug vom Hotel dorthin, inklusive Lunch, kostet 45 US$. ■ C 3

Sein Name soll von einem Mädchen mit übernatürlichen Kräften stammen. Während der spanischen Besatzung wurde sie von den Eroberern gefoltert, um aus ihr die nahe liegenden Fundstellen des Goldes herauszupressen. In ihrer Verzweiflung ließ sie den Fluß so hoch anschwellen, daß sie samt den Spaniern ertrank und mit ihr das Geheimnis der Mine.
Preis 40 US$ per Floß

Mountain Valley River Rafting ■ C 2

Rafting-Touren auf Bambusflößen werden entlang der Nordküste an verschiedenen Stellen angeboten. Ein sehr romantischer Trip durch die grüne Natur. Am schönsten ist ein Besuch am späten Nachmittag, wenn die Farben in warmen Tönen leuchten.

Das Mountain Valley Rafting beginnt in Lethe, eine halbe Stunde Fahrt von Montego Bay entfernt. Eine Stunde lang dauert die Fahrt auf dem Great River. Einen Eselsritt hinterher gibt's kostenlos dazu.
Preis 34 US$ pro Floß für zwei Personen

Rocklands Feeding Station ■ C 2

Fast vier Jahrzehnte bewirtschaftet die Ornithologin Lisa Salmon diese Plantage südlich von Montego Bay in der Nähe von **Anchovy**. Die alte Dame muß inzwischen weit über 80 sein. Jeden Tag um 15.30 Uhr ist Füttern der Vögel angesagt. Sie lassen sich zum Teil auf der Hand nieder, wenn man sie denn die entsprechenden Körner enthält. Wer großes Glück hat, erlebt Kolibris – unter ihnen Jamaikas Nationalvogel, den grünschillernden Doktorvogel –, wie sie aus winzigen Glasröhrchen Zuckerwasser süffeln. Mit dem Wagen braucht man von Montego Bay aus ca. 30–45 Minuten dorthin.
Eintritt 7,5 US$

Seaford Town/Estate Belvedere ■ C 3

Seaford Town ist ein verschlafenes Nest in den Bergen, das sich auf den ersten Blick kaum von anderen unterscheidet. Doch wer genau hinschaut, wird bemerken, daß zwischen den Schwarzen eine Reihe hellhäutiger blonder Bauern werkelt: Nachkommen deutscher Arbeiter, die im letzten Jahrhundert angeworben wurden.

Etwa 200 »Deutsche« leben hier, doch Namen und Hautfarbe ist so ziemlich alles, was blieb. Ihre Sprache ist Patois, und ihr Leben richtet sich völlig nach jamaikanischen Gepflogenheiten. Über die Geschichte der Vorfahren informiert das kleine **Seaford Town Mini-Museum**, das der Sacred Heart Mission angeschlossen ist. Eine kleine Spende wird gern angenommen.

Seaford Town liegt südlich von Montego Bay und ist in ca. einer Stunde Fahrzeit erreichbar. In unmittelbarer Nachbarschaft liegt die **Hilton Plantation** (Anmeldung, Tel. 9 52-5642), auf der man sich im Planter's Style mit Barbecue, Reiten und Rum vergnügen kann. Für den Rückweg lohnt sich ein Umweg über **Rat Trap** und **Struie**, von dort rechts über die B7 bis Chester Castle, wo Sie Hinweisschilder auf das **Estate Belvedere** finden. Eine Musterfarm mit einem Stückchen echten Urwald nebst Zitrusfruchthainen und Gewürzgarten. Wer sich vorher anmeldet, kann hier auch essen.
Tel. 9 52-60 01
Eintritt 10 US$

DER NORDEN: OCHO RIOS

Abgelegenes Fischernest in den siebziger Jahren, brodelnder Touristenort heute. Eine unvergeßliche Attraktion sind die Dunn's River Falls, in denen man klettern und baden kann.

Ocho Rios ■ G 2

16 300 Einwohner (inkl. Region Discovery Bay und Runaway Bay) Stadtplan → S. 55

Woher der Name stammt, wird wohl ewig schleierhaft bleiben. Die Spanier nannten den Ort Los Chorreros, die Wasserfälle. Mit Recht, denn es gibt keine acht Flüsse, wie es der Name sagt, sondern nur drei. Dafür plätschert der größte und berühmteste Wasserfall Jamaikas in vielen Kaskaden herunter.

Boomtown

Innerhalb von 20 Jahren entwikkelte sich Ocho Rios – von Einheimischen und Insidern »Ochee« genannt – von einem unbedeutenden Fischernest zum zweitgrößten Touristenmekka der Insel. Eine boomtown, wie man so schön sagt. Aber sicherlich keine Stadt im üblichen Sinne, sondern ein Kunterbunt von Hotels und Einkaufszentren, von Souvenirmärkten und, überall verstreut, von farbenfrohen, aber ärmlichen Wellblechhütten. Trotz Strand und Palmen – beides anfangs künstlich angelegt – will sich das Bild vom »traumhaften« Urlaubsparadies nicht so recht formen. Was nicht zuletzt daran liegt, daß man außer den Kreuzfahrerscharen, die kurzfristig einfallen, weniger Touristen sieht, als die vielen Hotelanlagen suggerieren.

Hochzeit im Hotel

Die Gäste, die sich zum überwiegenden Teil aus Amerikanern zusammensetzen, bleiben in ihren All-inclusive-Resorts, wo ihnen das geboten wird, was sie sich für paradiesische Ferien erhoffen: komfortable Zimmer und reichlich zu essen, Wassersport und Unterhaltung, Disko- und Live-Musik und jede Menge Kommunikationsmöglichkeiten. Das meiste ist im Preis inbegriffen. Sogar eine Hochzeit, für die man das Hotel nicht verlassen muß. Schade eigentlich, denn die Umgebung von Ocho Rios an den Ausläufern der **Dry Harbour Mountains** mit ihrer üppig grünen Vegetation, mit Hügeln und Schluchten, Plantagen und Wäldern ist außerordentlich reizvoll.

In den gemächlich dahinfließenden Gewässern des White River östlich von Ocho Rios sind farbenfroh bemalte Boote anzutreffen.

Ocho Rios

DER NORDEN: OCHO RIOS

Hotels/andere Unterkünfte

Big Daddy's Pier View ■ b 2
Das kleine, hübsche Hotel steht mitten im Zentrum und 200 m vom Strand entfernt, trotzdem ist es ruhig. Für den Preis ist es wohl zur Zeit das beste, was man bekommen kann.
19 Main Street
Tel. 9 74-26 07, Fax 9 74-13 84
Untere Preisklasse (AE, EC, Visa)

Enchanted Garden ■ a 3
Zauberhaftes All-inclusive-Hotel auf dem Gelände der Carinosa Gardens. 10 ha groß mit einer Fülle von tropischen Gewächsen, Kaskaden und exotischen Vögeln. Zwei Drittel der Suiten besitzen ein eigenes Patio mit Blick über Ocho Rios Bay, das letzte Drittel eigene indoor-pools, Wasserfall und Jacuzzi.
Carinosa Gardens
Tel. 9 74-14 00, Fax 9 74-58 23
113 Zimmer
Luxusklasse (AE, EC, Visa)

Hibiscus Lodge ■ c 1
Kleine, sehr persönlich geführte Herberge, die auf den Klippen über dem Meer thront und gleichzeitig in unmittelbarer Nähe des Zentrums liegt. Sensationell ist die Bar in den Felsen mit Blick auf die See.
P.O. Box 52
Tel. 9 74-26 76, Fax 9 57-18 74
26 Zimmer
Mittlere Preisklasse (AE, EC, Visa)

Hummingbird Heaven östlich ■ f 1
Die sechs fensterlosen Wohnwürfel im Grünen sind schlicht, aber sauber und billig. Miss Audrey sorgt dafür, daß man sich heimisch fühlt und gibt Tips für Ausflüge entlang des Flusses.
An der Hauptstraße nahe White River
P.O. Box 95
Tel. 9 74-51 88, Fax 9 74-52 02
6 Kabinen sowie 20 Zeltplätze
Untere Preisklasse (keine Kreditkarten)

Die Gäste des Jamaica Inn schwören auf die legere Atmosphäre, kombiniert mit kolonialem Ambiente.

OCHO RIOS

Jamaica Inn ◼ f 1
Eine himmelblaue Anlage in britisch-kolonialem Stil, luxuriös in der Ar
chitektur und doch leger im Ambiente mit einem herrlichen Privatstrand. Auf TV wird in den Zimmern nebst großer Terrasse bewußt verzichtet, dafür verfügt der Gast über eine eigene kleine Privatbibliothek. Es ist also kein Wunder, daß dieses Hotel mehr Stammgäste zählt als andere. Und niemanden stört der Sakko- und Krawattenzwang am Abend. Das gehört einfach dazu.
St. Ann, P.O. Box 1
Tel. 9 74-25 14, Fax 9 74-24 49
45 Zimmer
Luxusklasse (AE, EC, Visa)

Little Shaw Park Guest House ◼ b 3
In dem charmanten Gästehaus mit schönem Blick am Rande der Stadt kann man sich auf Wunsch auf Jamaika-Art bekochen lassen, oder man stellt sich selbst an den Herd. Die Mitchells erlauben auch Camping auf dem Grundstück. So gesehen ein fairer Deal.
21 Shaw Park Road
Milford, Ocho Rios
Tel. 9 74-21 77
10 Zimmer
Untere Preisklasse (keine Kreditkarten)

Pentus Guest Villas ◼ b 3
Residenz der quirlig-rührigen Leila Rutty. Ihr Haus in den Hügeln, nahe Shaw Park, ist klein, aber gemütlich mit einem niedlichen Gemüsegarten dahinter. Sollten die Zimmer belegt sein, findet sie in der Regel bei Freunden Ausweichmöglichkeiten.
3 Shaw Park Road
Tel. 9 74-23 13
4 Zimmer
Untere Preisklasse (keine Kreditkarten)

Plantation Inn ◼ e 2
Eines der schönsten kleinen Resorts auf Jamaika. Zwischen zwei kleinen Stränden auf die Klippe gesetzt, bietet es jedem Gast ein Zimmer nebst Balkon mit Meerblick, auf dem morgens das Frühstück serviert wird. Bis zum Zentrum sind es ca. 3 km.
St. Ann, P.O. Box 2
Tel. 9 74-56 01, Fax 9 74-59 12
78 Zimmer oder Cottages
Obere/Luxusklasse (AE, EC, Visa)

MERIAN-TIP

River Lodge Ein Schlupfwinkel im wahrsten Sinne des Namens. Zwischen Ocho Rios und Port Antonio ca. 10 km von Annotto Bay gelegen, benötigt man, um mobil zu sein, einen Leihwagen. Die deutsche Gastgeberin verspricht ein Urlaubsprogramm für Individualisten mit Naturerlebnissen im Busch und entlang der Küste, Kostproben jamaikanischer Küche, viel Relaxing und tropische Gemütlichkeit. Das Ganze in »cool running«-Atmosphäre gepackt. Für wenig Geld eine gute Gelegenheit, Jamaika abseits der Touristenströme zu erleben. Robin's Bay, P.O. St. Mary, Tel./Fax 9 95-30 03, Untere Preisklasse (keine Kreditkarten) ◼ H 3

Der Norden: Ocho Rios

Essen und Trinken

Almond Tree ▪ c 1
An der Meerseite des **Hibiscus Lodge** gelegen, strahlt das Lokal karibisches Flair aus. Gekocht wird nach Jamaika-Art: »pepper pot«, »pumpkin soup«, »ackee 'n saltfish«. Mittags wird es oft von Gruppen belagert.
Tel. 974-2813
Mittlere Preisklasse (AE, DC, EC, Visa)

Fresh Café ▪ a 3
Deftige Hausmannskost zu kleinen Preisen. Gegenüber dem Little Pub.
Untere Preisklasse

Cafe in Harmony Hall ▪ G 2
Im selben viktorianischen Gebäude untergebracht wie die berühmte Galerie, verspeist man einfache, aber leckere Inselkost sowie Sandwiches und Burger.
Auf der A3, 6 km östlich von Ocho Rios
Tel. 974-4222
Untere Preisklasse, abends geschl. (keine Kreditkarten)

Double V ▪ b 2
Ein fröhlicher hangout mit »jerk pork« bzw. »chicken« sowie vielen Cocktails im Angebot.
East Main Street
Tel. 974-2084
Untere Preisklasse (keine Kreditkarten)

Evita's ▪ a 3
In den Hügeln von Columbus Heights westlich des Zentrums wird original italienisch zu vernünftigen Preisen gekocht. Mitglieder der Rolling Stones, die Häuser in der Nähe haben, sollen hier manchmal auftauchen.
Tel. 974-2333
Obere Preisklasse (AE, EC, Visa)

Jerk Centre ▪ b 2
Im weiten Umkreis gibt's hier zur Zeit das beste »jerk food«, dazu viele nette Leute, Musik und eine Bar. Spätnachmittags ist am meisten los.
Da Costa Drive
Kein Telefon
Untere Preisklasse (keine Kreditkarten)

Jungle Lobster Hut östlich ▪ f 1
Das ist echt Jamaika. Mit Rastafaris und Fischern essen, die ebenfalls gern an den preiswerten Lobstern lutschen.
Unter der Brücke über dem White River
Kein Telefon
Untere Preisklasse (keine Kreditkarten)

Little Pub ▪ a 3
Dieses reetgedeckte Haus gilt schon als Institution des Ortes, ein beliebter Treffpunkt der Jugend auf einen Snack (zum Lunch) oder einen durchaus akzeptablen Jamaika-Happen zum Dinner mit Live-Musik.
Westlich des Ocho-Rios-Kreisels
Tel. 974-5826
Untere Preisklasse (AE, EC, Visa)

Lobster Pot ▪ a 2
Ein ergreifend schlicht-pieksauberes Einheimischen-Lokal mit delikater Kost von Muttern Loretta. Spezialität wie der Name verspricht: Lobster Pot.
14 Main Street
Tel. 974-1461
Untere Preisklasse (keine Kreditkarten)

O.R. Baking ▪ b 2
Im Angebot der Bäckerei mit Coffee-Shop steht allerlei Jamaika-Gebäck wie »breadpudding«, »rum roll« oder »sweet potatoe pudding«, aber auch andere süße Leckereien.
Am Uhrenturm

OCHO RIOS

Palm Beach Restaurant　　a 2
Keine erwähnenswerte Ausstattung, aber besonders zum Sonnenuntergang ist der Blick auf die Bucht herrlich. Serviert wird hier Jamaikanisches und Französisches bzw. das, was man dafür hält.
Ocean Village Shopping Centre
Tel. 9 74-50 08
Untere Preisklasse (keine Kreditkarten)

Tradewinds　　b 2
Eine Mischung aus Pub und Restaurant, dabei sehr gemütlich. Gekocht wird viel Seafood und Lobster.
East Main Street
Tel. 9 74-24 33
Untere Preisklasse (keine Kreditkarten)

Jamaika ist ein Land der Wasserfälle. Sehr beliebt ist ein Abstecher zu den Dunn's River Falls westlich von Ocho Rios (→ S. 56).

Einkaufen

Dank der vielen Kreuzfahrer entwickelte sich Ocho Rios in den letzten Jahren zum Shopping-Mekka Jamaikas. Neben Dutzenden von Duty-free-Shops warten noch ein halbes Dutzend Einkaufskomplexe, die gleiche Anzahl Kunstgewerbemärkte und Kunstgalerien auf Kunden. Manchmal finden sich recht schöne Dinge, aber meistens ist das Angebotene immer der gleiche Kitsch und Tand.

Mit über 50 Läden ist das **Ocean Village Shopping Centre** (a 2) das größte und liegt mitten im Zentrum. Pineapple Place, Coconut Grove, Little Pub und Taj Mahal Shopping Centre verteilen sich locker über die Stadt.

Als preiswert, wenn man gut handeln kann, gilt das **Fern Gully Craft Centre** (G 2). Allerdings muß man dorthin fahren. Es liegt ca. 5 km auf der A3 gen Süden. Die Straße freilich ist sensationell. Kurvt sie doch durch ein ehemaliges Flußbett, das von dichtem Dschungel mit hohen Farnen und Bäumen überschattet wird. Daher auch der Name.

DER NORDEN: OCHO RIOS

Everybody's Bookshop ◾ a 2
Einer der bestsortierten Buchläden von Ocho Rios im Ocean Village.

Frame Centre Gallery ◾ b 2
Klein, aber fein, mit einigen schönen Bildern jamaikanischer Maler.
Island Plaza

Harmony Hall Gallery ◾ G 2
Große Auswahl von Werken bekannter einheimischer Künstler, in hübschem viktorianischen Haus. Außerdem Kunsthandwerk, Schmuck und Bücher.
An der A3 gelegen, 6 km östlich der Stadt

High Tide ◾ a 2
Große Auswahl an bunten Badeklamotten im Taj Mahal.

Vibes Music Shack ◾ a 2
Keine Hütte, sondern ein manierlicher Shop mit einem umfangreichen Repertoire an Jamaika-Musik nebst Rasta-Utensilien. Lassen Sie sich unbedingt die Platten vor dem Kauf vorspielen. Ebenfalls im Ocean Village, zweiter Stock

Am Abend

Man muß nicht immer unbedingt in die Disko zum Hotten gehen, sondern einfach rumfahren oder laufen und sehen, wo was los ist. Nicht selten findet eine Party vor irgendeinem Krämer- oder Schallplattenladen statt. Ein untrügliches Zeichen für solche Spontan-Feten sind die Lautsprecherboxen, die noch bei Tage meterhoch aufgeschichtet werden.

The Akropolis ◾ a 2
Oberste Etage des Mutual Security Centres. Die Disco hat DJ Nights, Reggae Nights, Single Nights und Happy Hour am Freitag.
70 Main Street

Service

Auskunft

Jamaica Tourist Board ◾ a 2
Ocean Village Shopping Centre
Tel. 9 74-25 82
Mo–Fr 8.30–16.30, Sa 9–14 Uhr

Nützliche Telefonnummern

American Express,
Tel. 8 09/9 74-53 69
St. Ann's Bay Hospital,
Tel. 9 72-22 72

Post ◾ b 2
Main Street gegenüber Ocean Village, Tel. 9 74-25 26

Verkehrsmittel

Taxiruf
Ocho Rios Cab Operation
Tel. 9 74-59 29
Witson's Shopper's Shuttle
Der Bus bringt Sie auf Wunsch vom Hotel ins Zentrum.
Heli Tours
Für 90 US$ können Sie 30 Min. lang das Land von oben bewundern.
Tel. 9 74-15 25

Ziele in der Umgebung

Coyaba River Garden & Museum/Murphy Hill
südlich ◾ a 3, S. 55

Zauberhafter Garten mit interessantem Museum, durch den sich ein klares Flüßlein schlängelt. Hin und wieder werden Moonshine-Parties veranstaltet. Etwa 20 Autominuten weiter bergan erreicht man über dieselbe Straße Murphy Hill. Aus gut 800 m Höhe überblickt man Ocho Rios und die Küste.

OCHO RIOS – COYABA RIVER GARDEN & MUSEUM/MURPHY HILL

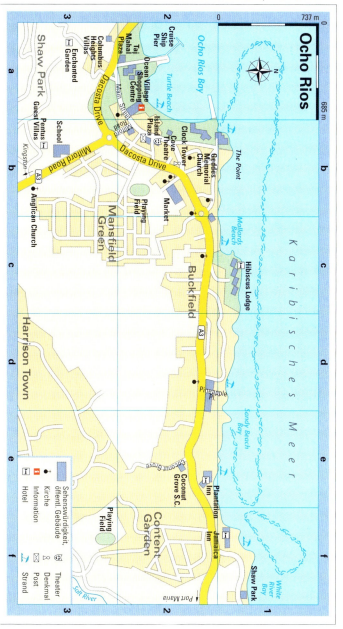

DER NORDEN: OCHO RIOS

Dunn's River Falls ■ G 2

Ein paar Kilometer westlich von Ocho Rios plätschert weiß über viele Kaskaden Jamaikas berühmtester Wasserfall. Man kann ihn Hand in Hand in der Gruppe oder auch ganz allein erklimmen. Oder einfach gemütlich im erfrischenden Naß liegen und träumen. Wenn man denn nicht ständig von Leuten gestört wird, die fotografiert werden wollen. Der turbulenteste Tag ist Sonntag. Dann kommen Einheimische mit Kind und Kegel, machen ihr Barbecue und lassen es sich gut gehen.
Eintritt 10 US$

TOP TEN
9

Fern Gully, Moneague, St. Ann's Bay ■ F 2/G 2/G 3

Entlang der A3 gen Süden windet sich die Straße in einem ehemaligen Flußbett durch feuchtes Laub und Farnwald. Es lohnt sich, den Besuch mit einer kleinen Rundfahrt zu verbinden. Man fährt auf der A3 bis Moneague, biegt dann rechts in die A1 und landet bei St. Ann's Bay wieder an der Küste. Hier wurde 1887 Marcus Mosiah Garvey geboren, Gründer der UNIA (Universal Negro Improvement and Conservation Association and African League). Ein Schwarzer, der für die Vereinigung aller schwarzen Völker der Welt in eine Gemeinschaft und die Errichtung eines Landes und einer eigenen Regierung eintrat. Zeit seines Lebens hatte er keinen Erfolg, erst später besann man sich seiner Ideen und erhob ihn zum Nationalhelden Jamaikas. Ein Standbild vor der Gemeindebibliothek erinnert an ihn.

Etwas westlich des Ortes beim Kolumbus-Monument liegt **Seville Nuèva** bzw. die wenigen Reste, die übrigblieben. Diese erste spanische Siedlung wurde 1534 aufgegeben.

Galina ■ H 2

35 km entlang der A4 gen Osten durchfährt man ein Dörflein namens Galina. Im Prinzip nichts Besonderes, wäre da nicht auf dem Hügel zur Rechten die bescheidene Residenz Firefly. Hier lebte 20 Jahre lang Noel Coward, Meister des Wortes und

MERIAN-TIP

Sonrise Beach Retreat Ein Hideaway im wahrsten Sinne des Wortes. Von der A3 zwischen Port Maria und Annotto Bay zweigt die Straße links ab und führt zur Küste. Ein Schild markiert den Weg. Das parkartige Terrain der Anlage windet sich an sechs kleinen Strandbuchten entlang. In den »cabins« findet man ein festes Dach über dem Kopf, oder man bringt ein Zelt mit. Besitzer Robert Chase nimmt seine Gäste mit auf herrliche Touren ins Hinterland. Gekocht wird aus dem, was der Garten hergibt. Robins Bay, P.A., St. Mary, Tel. und Fax 9 99-71 69, Wochenpauschale, nächteweise auf Anfrage, Mittlere bis Obere Preisklasse (AE, EC, Visa) ■ H 2

DUNN'S RIVER FALLS – PROSPECT PLANTATION

Witzes, der sich durch das herrliche Panorama vor seinem Fenster zu dem Lied »A room with a view« inspirieren ließ. Man sagt, daß der Bonvivant diesen aussichtsreichen Platz auf dem Weg zu einem Kollegen entdeckte. Das war Ian Fleming, Autor der James-Bond-Geschichten, der 5 km weiter in Goldeneye wohnte. Coward liegt am Hügel seines Besitzes begraben. Etwas unterhalb von Firefly stehen die Reste eines Baus, der angeblich Henry Morgan als »Piratenküche« gedient haben soll.
Eintritt 10 US$

Port Maria ■ H 2

Ein weiteres verschlafenes Nest, das vor 300 Jahren seinen einzigen Boom erlebte. Für die Spanier galt Port Maria als zweitwichtigster Handelsplatz nach Spanish Town.

Ziemlich am Anfang, von Westen kommend, liegt die 1861 erbaute **St. Mary Parish Church**, daneben die Bibliothek und das Monument, das Tacky gewidmet wurde, einem Sklaven, der den ersten Aufstand der Geschundenen 1760 angeführt hat. Fährt man weiter auf der A3 gen Osten, lohnt sich bei Albany ein Abstecher zur Küste. Was sich früher Strawberry Fields nannte, heißt jetzt Sonrise und bietet Hütten sowie Snacks am Minibeach. **Don Christopher's Point**, ein Stückchen weiter, soll der Platz gewesen sein, wo die letzten von den Briten geschlagenen Spanier Jamaika verließen. Hier versteckt sich die River Lodge (→ MERIAN-Tip S. 51).

Prospect Plantation ■ G 2

Eine der berühmtesten Plantagen der Insel. Hier haben Leute wie Winston Churchill, Pierre Trudeau und Prince Philipp während ihrer Besuche Bäume gepflanzt. Hier lernt man auf der eineinhalbstündigen Tour über die 5000 ha große Farm Anbaumethoden von Chili, Maniok, Ananas, Otaheite Apfel, Zuckerrohr und Kaffee kennen.
Eintritt und Tour 10 US$

Inselalltag im Ortskern von St. Ann's Bay, in dessen Nähe die Reste der ersten spanischen Besiedlung und ein Kolumbusdenkmal zu finden sind.

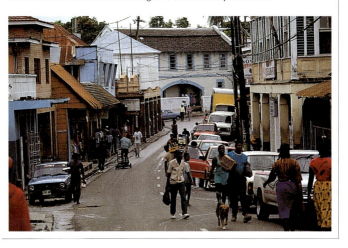

DER NORDEN: PORT ANTONIO

Ein leicht morbider Charme

vermittelt dem Besucher von Port Antonio am ehesten das Gefühl, noch echtes und urtümliches Jamaika zu erleben.

Port Antonio ■ K 3

13 400 Einwohner
Stadtplan → S. 65

Richtig malerisch schmiegt sich der Ort mit seinen bunten Kolonialhäusern um zwei herrliche Naturhäfen, schiebt sein marodes Villenviertel wie eine geschlossene Faust zwischen beide. Port Antonio gehört zu den neueren Ortschaften Jamaikas. Vor zweihundert Jahren noch versuchte die Regierung Siedler anzulocken, stellte ihnen kostenlos Grundstücke und Sklaven zur Verfügung. Doch kaum einer folgte dem Ruf, und die, die es taten, gaben bald wieder auf. Denn für das Zuckerrohr war es zu feucht.

Mit der Banane kam der Aufschwung

1869 legte Kapitän George Bush den Grundstein zu einem Boom, dessen internationaler Siegeszug Captain Dow Baker zu verdanken war. Ersterer brachte die Banane von Port Maria nach Port Antonio, zweiter nahm die Ernte mit nach Neuengland und verscherbelte sie auf Auktionen. Innerhalb weniger Jahre entwickelte sich so aus der verlassenen Siedlung die

10 km östlich von Port Antonio liegt abgeschieden der Strand von Frenchman's Cove – früher ein Treffpunkt amerikanischer Hollywood-Größen.

Bananenhauptstadt der Welt. Hier waren sie bald zu Tausenden tätig, die »Mr. Talleyman«, von deren schwerer, schlecht bezahlter Arbeit Harry Belafonte singt.

Touristen statt Bananen

Um die Jahrhundertwende muß Port Antonio wohl eines der ersten »Incentive«-Reiseziele, aber mit Sicherheit Jamaikas erstes Touristenziel gewesen sein. Angestellte der United Fruit Company wurden mit firmeneigenen Dampfschiffen hierher in »gewonnene« Ferien verschifft, und auch andere Urlauber durften mitfahren. Inzwischen jedoch hat die Bananenindustrie keine so große Bedeutung mehr...

Ein verrückter Palast

Östlich von East Harbour auf einer kleinen Halbinsel liegt das Folly Estate bzw. das, was von der prächtigen, säulengeschmückten Residenz übrigblieb. Der amerikanische Ingenieur Alfred Mitchell erbaute 1905 diesen pantheonartigen Traum mit Hilfe des Vermögens seiner Gattin, die aus der New Yorker Tiffany-Familie stammte. Die 60-Zimmer-Villa galt seinerzeit als das ausgeflippteste und protzigste Privathaus von Port Antonio. Mitchell hielt auf seinem Besitz zahlreiche Affen und eine Menagerie wilder Tiere. Die gesamte Anlage bestand aus Beton, welches, so sagt man, mit Seewasser angemischt wurde. Eine der Hauptursachen, warum es langsam verfiel, nachdem der letzte Bewohner Mitte der dreißiger Jahre ausgezogen war. Heute ist es Regierungsbesitz, aber offensichtlich fehlt Geld, um diesen Prachtbau wieder instand zu setzen.

Fort George

Am Ende der Halbinsel, die den Zwillingshafen trennt, liegen die Ruinen des Fort George, die jetzt zur Titchfield Schule gehören. 1729 gebaut, besaß die Festung drei Meter dicke Mauern, die mit 22 Kanonen bestückt waren. Einige sind noch vorhanden. Angeblich funktionieren sie sogar.

Hollywood machte hier Ferien

In den vierziger und fünfziger Jahren galt Port Antonio als dekadente Spielwiese der Schönen und Reichen Hollywoods, die im Fahrwasser des Herzensbrechers Errol Flynn in die Bananenstadt kamen.

Heutzutage rekrutiert sich die touristische Szene überwiegend aus den DINKS (double income, no kids), die mehr Wert darauflegen, Jamaika hautnah zu erleben, als Tage am Strand zu verbringen. Strände nämlich, muß man wissen, liegen in Port Antonio nicht vor der Tür. Doch wer bereit ist, einige Kilometer zu fahren, landet an den schönsten Buchten der gesamten Insel. Überhaupt ist es nicht nur der Ort, sondern das Umland, das ganz besondere Reize bietet. Viel üppige Natur und der Rio Grande, der sich durch dichten Wald schlängelt.

Hotels/andere Unterkünfte

Bonnie View Plantation Hotel ■ a 3
Der Blick über Port Antonio und seine Zwillingsbucht ist einmalig schön, die Zimmer sind o. k. Von hier aus kann man herrliche Wandertouren oder Ausritte unternehmen. Für Beach-Fans wurde ein winziger Strand eingerichtet. Sehr gute kreolische Küche.
P.O. Box 82
Tel. 9 93-27 52, Fax 9 93-28 62
20 Zimmer
Mittlere Preisklasse (AE, DC, EC, Visa)

DeMontevin's Lodge ■ b 2
1881 als Privatvilla gebaut, versprüht es, wenn auch leicht heruntergekommen, immer noch kolonialen Charme.
21 Fort George St.
Tel. 9 93-26 04, Fax 9 93-22 48
13 Zimmer
Untere Preisklasse (AE)

Drapers San Guesthouse
Die klitzekleine, niedliche Anlage der Italienerin Carla liegt im gleichnamigen Ort ein paar Kilometer östlich von Port Antonio. Das Meer ist nah, zum Strand muß man fahren.
Drapers ■ K 3
Tel. und Fax 9 93-71 18
6 Zimmer
Untere Preisklasse (keine Kreditkarten)

Eastwind Cove Cottages
Drei hübsche Bungalows mit Blick auf Bucht und Trident Castle. Der Strand davor ist mickrig, aber dafür ganz privat.
Drapers, direkt in der Kurve nach Jamaica Palace ■ K 3
Tel. 9 26-66 65
Untere Preisklasse (keine Kreditkarten)

Faith Cottage östlich ■ c 2
Aus der Villa hat sich ein festungsartiges, weißes Minischlößchen entpuppt. Restaurant und Pool sind vorhanden, zum Strand ist's weit. Nach Vergrößerung des Hauses sind auch die Preise gestiegen.
Dolphin Bay
Tel. und Fax 9 93-37 03
24 Zimmer
Mittlere bis Obere Preisklasse (AE, EC, Visa)

Goblin Hill Villas
Frische, luftige Ein- und Zwei-Schlafzimmer-Appartements in Villen, die Stadthäusern ähneln, in einem 6 ha großen, parkartigen, hügeligen Terrain. Sie werden mit Butler, Köchin und Auto vermietet, dafür gibt's weder Restaurant noch Bar. Ideal für Familien. San San Beach liegt gleich unterhalb des Resorts.
San San ■ K 3
Tel. 9 25-81 08, Fax 9 25-62 48
28 Zimmer
Obere Preisklasse (AE, EC, Visa)

Ivanhoe's Guest House ■ b 1
Seine besten Tage hat das Haus schon gesehen. Es wurde 1911 gebaut. Aber Lorna Burke macht das Beste daraus. Die Atmosphäre ist sehr gemütlich, alle Zimmer verfügen über Bad und Toilette.
9 Queen Street
Tel. und Fax 9 93-30 43
10 Zimmer
Untere Preisklasse (keine Kreditkarten)

Jamaica Palace Hotel östlich ■ G 2
Es heißt nicht nur so, es ist ein Palast. Autofahrer treten beim Anblick dieses pompösen Disney-World-Schlosses häufig vor Überraschung auf die Bremse. Ein etwas unproportionierter schneeweißer Neo-Zuckerbäckerbau. Die Zimmer sind romantisch verspielt eingerichtet,

PORT ANTONIO

mit einigen originalen Antiquitäten und vielen Kopien.
P.O. Box 277
Tel. 9 93-20 20, Fax 9 93-34 59
80 Zimmer
Luxusklasse (AE, DC, EC, Visa)

Match Cottage Resort östlich c 2
Eine schmucke, kleine Anlage nahe Faith Cottage. Die Zimmer sind groß und mit kleinen Küchen zum Selbstversorgen bestückt.
Dolphin Bay
Tel. 9 93-96 29, Fax 9 93-27 00
24 Zimmer
Mittlere Preisklasse (AE)

Ras Johnson H.Q. südlich b 2
Biegt man um die Kurve an der Christmas Bay, ca. eine Stunde südöstlich von Port Antonio, stößt man auf die kleine Anlage, in der sich außer einem Imbiß zwei nette Zimmer verstecken. Auf dem Terrain darf man auch ein Zelt aufschlagen. Betrieben wird alles von einer blonden Hamburgerin.
East Portland
Tel. 9 93-61 38
Untere Preisklasse (keine Kreditkarten)

Trident Villas und Hotel
östlich C 2
Englischer Country-House-Stil, gepaart mit karibischem Flair, die hübscheste und exklusivste Anlage von Port Antonio. Abends servieren Kellner in weißen Handschuhen, dafür muß der Gast Schlips und Kragen tragen.
P.O. Box 119
Tel. 9 93-26 02, Fax 9 93-29 60
27 Suiten
Luxusklasse (AE, EC, Visa)

Triff's Inn b 3
Neue Herberge in altem Gemäuer. Sie ist familiär, komfortabel und liegt nahe am Geschehen von Port Antonio.
1 Bridge St.
Tel. 9 93-21 62, Fax 9 33-20 62
17 Zimmer
Mittlere Preisklasse (AE, EC, Visa)

Die Trident Villas und das Trident Hotel in Port Antonio sind mit den Luxussuiten sowie einem Chateau die vornehmsten Adressen des Ortes.

Der Norden: Port Antonio

Essen und Trinken

Bonnie View Plantation Hotel ▪ a 3
Wer hier nicht wohnt, sollte zumindest auf einen Daiquiri den Weg auf den Hügel machen. Die Aussicht lohnt. Ebenso gut das Essen.
Tel. 9 93-27 52
Mittlere Preisklasse (AE, DC, EC, Visa)

Boston Bay Jerk Stands ▪ L 3
Natürlich ist der Weg zu weit, um sich wegen ein paar Rippchen 20 Minuten ins Auto zu setzen, wer aber zum Beispiel die Reach Falls besucht, sollte sich den Appetit für den Stopp an der berühmtesten aller Jerk Buden aufsparen. Teuflisch scharfe, köstliche Happen brutzeln dort auf dem Ölfaßgrill.

Daddy Dee's ▪ a 2
Typisch Jamaika mit »ackee 'n saltfish«, Leber und Kochbananen zum Frühstück, Rindshaxen, Ziegencurry oder Kutteln und Bohnen zum Lunch.
West Street
Untere Preisklasse (keine Kreditkarten)

Early Bird Restaurant ▪ a 2
Zum Dinner ist das Restaurant mit lokaler Küche bei den Einheimischen sehr beliebt. Von außen sieht das Lokal nicht sonderlich einladend aus, aber das Essen ist durchaus gut, das Preis-Leistungs-Verhältnis noch besser.
West Street
Untere Preisklasse

KS Jerk Centre ▪ c 2
Treff für Jamaikaner bei kühlem »red stripe« und bestem »jerk-pork« »in town«.
Folly Road
Untere Preisklasse (keine Kreditkarten)

Mille-Fleurs östlich ▪ c 2
Die tausend Blumen blühen sowohl im Garten als auch im Haus. An manchen saugen Kolibris den Nektar. Für die Gäste wird frisch, leicht und sehr kreativ gekocht. Es ist das beste Restaurant östlich von Ocho Rios.
Mocking Bird Hill
Tel. 9 93-72 67
Mittlere Preisklasse (AE, EC, Visa)

MERIAN-TIP

Mocking Bird Hill Es ist ein Schmuckstück, welches sich hoch oben zwischen uralten Bäumen und blühenden Büschen mit schönem Blick auf's Meer verbirgt. Ganz in weiß, optisch aufgelockert mit vielen Kunstwerken von einer der beiden deutschsprechenden Inhaberinnen, präsentieren sich Gebäude und Zimmer. Es gibt einen Terrassenpool, ein feines Restaurant und eine gutbestückte Bar. Die beiden Frauen unterstützen jamaikanische Kleinstbetriebe, was ihren Gästen originelle Souvenirs verschafft. P.O. Box 254, Tel. 9 93-71 34, Fax 9 93-71 33, 10 Zimmer, Obere Preisklasse (AE, EC, Visa) östlich ▪ c 2

PORT ANTONIO

Tri-me a 2
Authentische Jamaika-Küche in unprätentiösem Flair.
West Street
Untere Preisklasse (keine Kreditkarten)

Einkaufen

Port Antonio ist sicherlich der interessanteste Ort im nördlichen Jamaika mit illustrer Vergangenheit und großem Charme, aber in puncto Einkaufen tut sich hier wenig. Einige Duty-free-Shops auf der Harbour Street, zwei oder drei Musikläden mit frischen Pressungen.

Lohnenswert des Ambientes wegen ist der Besuch des **Musgrave Markets** im Zentrum. Hier bekommen Sie Früchte, Gemüse und Gewürze preiswerter als anderswo in der Stadt oder können zugucken, wie jerk-Fleisch mariniert und gegrillt wird. Und natürlich probieren.

Nicht nur Frühaufsteher bekommen frisch Gebackenes in der **CC Bakery** (18 West Palm Ave.), **Coronation Bakery** (18 West Street) oder **Three Star Lion Bakery** (27 West Street). Den ganzen Tag über werden dort allerlei Teigwaren, mal süß, mal herzhaft, verkauft.

Falls Sie einen eigenen Herd zur Verfügung haben, lohnt sich der Besuch am **Fishermen's Beach** gleich westlich der Bar/Bude KS Jerk Centre. Frischen Fisch und Meeresfrüchte gibt's je nach »Petri Heil« von morgens bis abends ab Boot.

Limelight Music b 2
William Street

Pete's Record Store Center b 3
West Palm Ave.

Portland Craft Design Center
östlich c 2
In der Nähe des Hotels Jamaica Palace. Dort werden auch allerlei Rasta-Utensilien und -Werke angeboten.

Viel Lokalkolorit und ein besonderer Charme sind bis heute noch im Straßenbild der ehemaligen Bananenmetropole erhalten geblieben.

Am Abend

Außer in Kingston gibt's auch in Port Antonio eine richtige Szene, d. h., auf den allabendlichen Vergnügungen tummeln sich überwiegend Schwarze statt weiße Touristen. Einige sind mit sehr auffälligem Schmuck behangen: Markenzeichen der Drogenhändler. Vor 22 Uhr lohnt es sich nicht aufzubrechen, dafür geht's rund bis 3 Uhr morgens.

Roof Club ■ a 2
Seit Jahren eine der besten Diskos von ganz Jamaika, jedenfalls die beste außerhalb Kingstons. Es ist schwül und schummerig, das Bier fließt in Strömen, und aus den Lautsprechern tönt überwiegend Dancehall Music. West Street

Service

Auskunft

Jamaica Tourist Board ■ a 2
City Plaza (2. Etage)
Tel. 9 93-30 51
Mo–Fr 8.30–16.30, Sa 9–14 Uhr

Jamaica Information Service (JBS)
■ b 3
Kiosk gegenüber Goebel Plaza

Verkehrsmittel
Bus- und Taxistand befinden sich auf der West Street zwischen Love Lane und William Street. Busse fahren ohne Fahrplan in alle möglichen Richtungen, die jeweils vorne an der Windschutzscheibe angeschlagen sind. Problemlos kommt man per (Klein-)Bus an die Strände (süd-)östlich von Port Antonio und wieder zurück. Auch Trampen ist nichts Außergewöhnliches. Nur wer in die Berge will, stößt auf Schwierigkeiten. Entweder man mietet ein Taxi, was teuer werden kann, oder man nimmt einen Mietwagen. Es kommt neben der Länge der Strecke und der Personenzahl auch ein wenig aufs Verhandlungsgeschick an, welches die preiswertere Lösung ist.
Sunshine Taxi, Tel. 9 93-21 23
JUTA, Tel. 9 93-26 84

Blue Lagoon ist ein idyllischer Ort, um die Seele baumeln zu lassen.

PORT ANTONIO – BLUE LAGOON

Wandern & Bergexpeditionen
Valley Hikes
P.O. Box 89
Tel./Fax 9 93-25 43

Ziele in der Umgebung

Blue Lagoon ■ K 3

Eine Kurve hinter San San Beach, von der Straße aus kaum zu sehen, verbirgt sich ein Idyll, eine von alten Bäumen umstandene Lagune, die mit dem Meer verbunden ist und von unterirdischen Flüssen gespeist wird. Der größte Teil des zauberhaften Areals ist in österreichischer Hand. Ernst Forstmayr hat sich hier einen Traum verwirklicht mit einem Holz-Bambus-Palmenstroh-Lokal über dem azurblauen Naß, bodenständiger Küche, einem großen Wassersportangebot und der erinnerungswürdigen Party am Samstagabend. Ohne Essen kostet der Eintritt in sein Reich 3 US$, beim Lunch ist man mit 15, beim Dinner mit 20 US$ dabei. Die Ausgabe lohnt sich auf jeden Fall. Info und Reservierung, Tel. 9 93-84 91.

Sehr hübsch anzusehen sind das Dutzend verspielter weißer Villen, halb in die Bucht gebaut, die fast an Badestellen im indischen Rajasthan erinnern. Man sieht sie nur, wenn man sich bei der Weiterfahrt gen Osten umdreht bzw. auf dem Rückweg.

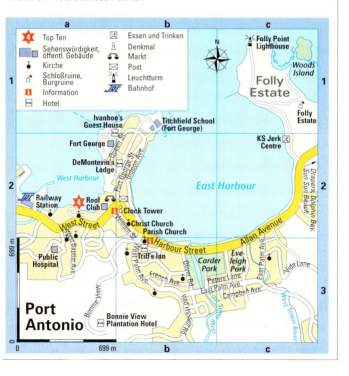

DER NORDEN: PORT ANTONIO

Long Bay ◼ L 4

Abgesehen von Frenchmen's Cove ist der kilometerlange Strand der schönste im östlichen Jamaika, jedoch nicht ungefährlich zum Baden. Die A4 führt direkt daran vorbei.

Moore Town ◼ K 4

Das Städtchen – oder besser Dorf – ist die traditionelle Heimat der Windward Maroons, auch Blue Mountain Maroons genannt. Das sind entlaufene oder freigelassene Sklaven, die sich in dieser Gegend niederließen. Ursprünglich hieß es New Nanny Town, benannt nach der Heldin der Maroon-Kriege, der das Denkmal **Bump Grave** gewidmet ist. Moore Town fiel offiziell an die ehemaligen Sklaven, als 1739 nach 84jährigem Krieg ein Friedensvertrag mit den Briten ausgehandelt wurde. Da die Maroons noch immer streng ihre Gebräuche und Traditionen pflegen, ist es besser, man meldet sich vor dem Besuch bei Colonel Harris an (bei Ankunft rechts neben dem Postamt) und nimmt jemanden aus Port Antonio mit, der sich auskennt. Der Weg ist spektakulär. Er windet sich auf steiniger Straße ca. 15 km bergan in die **John Crow Mountains**.

Navy Island ◼ a 1, S.65

Das Hotel auf Errol Flynns alter Insel ist zur Zeit geschlossen. Früher tobten hier rauschende Feste. Der Hollywoodstar war von seiner Insel so begeistert, daß er hier begraben werden wollte. Daraus wurde dann aber nichts. Trotzdem lohnt sich die Überfahrt für 2 US$. Man kann sich das Eiland nach Ankunft von Rasta Winston zeigen lassen. Schnorcheltour inklusive.

Nonsuch Caves und Athenry Gardens ◼ K 3/K 4

Höhlen und Garten liegen auf einem 80 ha großen Privatgrundstück etwa 6 km südlich von Port Antonio. In den neun verschiedenen Höhlengewölben drängen sich Stalagmiten und Stalaktiten.
Tgl. 9–16 Uhr
Eintritt 5 US$

Reach Falls ◼ L 4

Ca. 25 km südlich von Port Antonio liegen diese zauberhaften Wasserfälle mitten im dichten Grün. Bedeutend weniger besucht als ihre berühmten Brüder im Dunn River, läßt es sich hier herrlich planschen. Ein Picknick bringt man besser mit, zum Beispiel jerk-Fleisch von der Boston Bay. Frisch geköpfte Kokosnüsse, kühle Softdrinks und »red stripe« sind vor Ort erhältlich. Die schönste Tageszeit ist der späte Nachmittag, wenn die meisten Besucher wieder abgezogen sind. Einziger Nachteil dann: Mücken. Also Mückenschutzmittel nicht vergessen!

Rio Grande Rafting ◼ K 3

Wo früher Bananen geflößt wurden – der einfachste Weg von den Plantagen zum Hafen –, werden heute Touristen auf Bambusflößen transportiert. Schon Errol Flynn veranstaltete hier in den vierziger Jahren mit seinen Freunden Rennen. Einige Passagen durch schmale Schluchten machen diese Rafting-

Auf einem Bambusfloß kann man sich gemächlich über den Rio Grande chauffieren lassen.

Long Bay – Rio Grande Rafting

DER NORDEN: RIO GRANDE RAFTING – WINNYFRED'S BEACH

Tour zur abwechslungsreichsten von Jamaika. Die Fahrt ist eher beschaulich; an manchen Stellen kann gebadet werden. Gestartet wird in Berrydale, 15 km südwestlich von Port Antonio. Die Tour dauert ca. 2,5 Stunden und endet in Rafter's Rest.
Tel. 9 93-57 78
Tgl. 9–15.30 Uhr
45 US$ pro Floß
Nach Berrydale kommt man einmal täglich vom Busparkplatz Port Antonio mit dem Bus.

Swift River ■ i 3/i 4

Eine zauberhafte Tour ins Hinterland zu Füßen des **Blue Mountain Peak**, auf der Sie jamaikanisches Dorfleben und üppige Vegetation erleben können. Folgen Sie der A4 gen Westen bis **Spring Garden**, dort links ins Landesinnere abbiegen. Bei der Weggabelung nach 5 km entlang des **Spanish River** links, über **New Eden** und **Paradise**, nach Swift River. Die Dörflein haben ihren Namen nicht von ungefähr. Sie können den Swift River wieder bis zurück zur Küste begleiten oder, sich immer rechts haltend, weiter durch die Berge kurven, um dann über **Fruitful Vale**, **Industry** und **Mount Pleasant** schließlich an der **St. Margaret's Bay** zu landen.

Valley Hikes ■ K 4

Wanderungen führen in das dschungelartige Hinterland Port Antonios, bei denen man viel über Flora und Fauna lernen kann. Veranstalter: P.O.Box 89, 12 West Street, 1. Stock, Port Antonio, Tel. und Fax 9 93-38 81 (■ c 2, S. 65).

Winnyfred's Beach ■ L 3

In Fairy Hill beim Crest Hotel zweigt der Weg links zum Strand ab. Nach 2 km stößt man auf eine hübsche Strandbucht mit kleinen Imbißständen. Vor allem sonntags ist der Strand von Einheimischen bevölkert.

Der Besuch der Reach Falls 25 km südlich von Port Antonio garantiert ein idyllisches Badevergnügen. In einem guten Dutzend natürlicher Pools kann man sich erfrischen.

Kein Grund zum Weglaufen!
Nette Hotels, eine Handvoll Strände und viel Ruhe machen die Buchten zu besonders idealen Erholungsplätzen.

Runaway Bay/ Discovery Bay ■ F 2

16 300 Einwohner
(inkl. Ocho Rios)

Bereits 1927 erkannte ein Autor des *National Geographic Magazin* das touristische Potential dieser Region und schlug den Bau kleiner Hotels vor. Fast 50 Jahre hat es gedauert, bis man sich seinen Rat zu Herzen nahm und den ersten Grundstein zu einem Hotel legte. Von klein kann allerdings keine Rede sein, die meisten Anlagen verfügen über 200 bis 300 Zimmer.

Diverse Strände, an denen sich in den letzten Jahren großflächige Hotelanlagen etablierten, haben die Region auf die touristische Landkarte gesetzt. Zu sehen gibt's hier wenig, dafür kann man sich ohne Kulturstreß erholen.

Viel Natur

Auch wenn die Touristenindustrie heutzutage die größten Einnahmen bringt, bemerkt man diese Entwicklung auf den ersten Blick kaum. Keine Stadt, kein richtiges Dorf, nur vereinzelte Häuser und Resorts liegen entlang der Straße. Die meisten sind in schönen Gärten versteckt. Nur an Wochenenden wird es an manchen öffentlichen Stränden turbulent. Dann kommen von Ocho Rios, aus den Dörfern im Landesinneren, sogar aus Kingston Familien mit Kind und Kegel, um sich im Wasser oder beim Barbecue am Strand zu vergnügen.

Sklaven oder Kommandant?

Runaway bedeutet soviel wie weglaufen. Doch wer lief in der Vergangenheit weg? Waren es die Sklaven, die sich von hier aus nach Kuba absetzten, oder der spanische Kommandeur Cristobal Ysassi nach fünfjährigem Widerstand gegen die Briten?

Genauso unklar ist die Geschichte von Discovery Bay. Die einen behaupten, Christoph Kolumbus sei hier an Land gegangen, die anderen vermuten, es wäre in Rio Buenos gewesen, zirka zehn Kilometer weiter westlich. Für letzteres spricht immerhin die Tatsache, daß sich der Entdecker – laut seinem Logbuch – aus eben diesem Fluß mit Wasser versorgt hat.

Westlich von Discovery Bay steht ein riesiges Bauxit-Werk nebst Hafenanlagen. Doch eine Bucht weiter ist das Wasser wieder kristallklar.

RUNAWAY BAY/DISCOVERY BAY

Hotels/andere Unterkünfte

Eaton Hall Beach
Gemütlicher All-inclusive-Inn und
Villen-Komplex, auf einem alten
britischen Fort gebaut.
P.O.Box 65, Runaway Bay PO,
St. Ann
Tel. 9 73-35 03, Fax 9 73-24 32
52 Zimmer
Obere Preisklasse (AE, DC, EC, Visa)

Essen und Trinken

Bird Watching Beer Joint
Kleine Hütte am winzigen Strand
westlich von Runaway, in der
man sich auf einen Rum mit den
Fischern zum allabendlichen Natur-
spektakel trifft: die Ankunft der
weißen Reiher in Hundertschaften.

Seafood Giant
Bar an der Hauptstraße, ein beliebter Treffpunkt der Jamaikaner.
Untere Preisklasse (keine Kreditkarten)

*Es wird Nacht an der
Discovery Bay ...*

Ziele in der Umgebung

Brown's Town und Bob Marley's Mausoleum
 F 2/F 3

Von Runaway führt die B3 südlich
ins Landesinnere über Orange Valley nach Brown's Town. Das Dorf
bietet eine neogotische Kirche, einige Kolonialhäuser und einen Bau-
ernmarkt. Bob Marleys Geburtsort
Nine Mile liegt ca. 20 kurvige Kilometer entfernt. Man folgt der B3
bis Alexandria und biegt dann nach
Osten ab. Im Dörflein angekommen,
wird man meist von einem oder
mehreren Rastafaris in Beschlag genommen. Auf einem Hügel verborgen steht die Kirche seiner Familie,
gleich daneben die Kapelle, in der
der Musiker mit seiner Gitarre ruht.

Runaway Caves F 2

Der Weg zu diesen Kalksteinhöhlen
ist gut ausgeschildert. Die Führungen gehen nur durch einen Teil
der Höhlen.
Tgl. 9–16.30 Uhr

DER WESTEN

Weiß schäumendes Meer und Sandstrand unter Klippen, so weit das Auge reicht – das ist die Westküste. Hier liegt Negril, Jamaikas Badeort schlechthin.

Der westliche Zipfel von Jamaika ist schmal, die Küstenlinie im Vergleich zu der im Norden und Süden kurz. Doch gerade dieser Abschnitt hat es in sich, denn der Strand ist einzigartig. Er ist nicht nur sehr lang – daher der Name Long Bay –, er fällt auch so sanft ins Meer ab, daß Sie sich stundenlang im warmen, flachen Wasser aalen können. Am südlichen Ende der Bucht begrenzen zehn Meter hohe Kalksteinklippen den Strand. Sie bilden den Abschluß der großen Kalksteinplateaus, die sich weiter ins Landesinnere bis hin zu den Blue Mountains erstrecken.

Im Norden liegt die **Bloody Bay**. Hier finden Sie Ruhe und Abgeschiedenheit. Nur ein kleiner Teil des schmalen, fünf Kilometer langen Strandes ist bebaut. FKK wird hier geduldet.

Wer aber ganz offiziell hüllenlos in der Sonne liegen will, der läßt sich besser nach **Booby Cay** übersetzen. Die kleine Insel gegenüber Ruthland Point diente vor Jahren als Kulisse für die Jules-Verne-Verfilmung »Zwanzigtausend Meilen unter dem Meer«. Ideal auch für Kinder.

Kristallenes Wasser und weißer Strand: Die Westküste ist ein Paradies für Sonnenhungrige.

DER WESTEN: NEGRIL

Zehn Kilometer langer Strand,
kristallklares Wasser, Palmen und Wind – für Badefreudige und Sonnenhungrige ein idealer Urlaubsort.

Negril ■ A 3
4000 Einwohner

Früher war Negril ein Hippie-Nest. Heute tummelt sich an seinem zehn Kilometer langen Strand alles, was seinen Körper im Urlaub am liebsten liegend der Sonne aussetzt. Doch auch sportlich Aktive kommen voll auf ihre Kosten. Von der Segeljolle bis zum Jetski ist alles vorhanden.

In der Sonne liegen und im lauen Meer baden, dieses Vergnügen ist offensichtlich der größte Wunsch der Gäste aus dem kühlen Norden. In den letzten Jahren haben sich etwa drei Dutzend Hotelanlagen entlang des Strandes etabliert. Die meisten sind für jamaikanische Verhältnisse eher klein – um die hundert Zimmer und weniger –, und keine reckt ihre Dächer über die wenigen Bäume und Palmen. Aber das ist auch verboten.

Am südlichen Ende der Bucht auf den Kalksteinklippen thronen in lockerer Folge Hüttenanlagen. Von den meisten führen steile Treppen ins kristallklare Wasser. Größtes Vergnügen für Einheimische und manche Touristen scheint allerdings der kühne Sprung von oben ins blaue Naß.

*Türkisfarbenes Meer und schroffe Kalksteinfelsen –
so präsentiert sich die Küste von Negril.*

Hotels/andere Unterkünfte

Freedom Villa
Das sympathische Haus mit Selbstversorgungsmöglichkeit steht in einem lauschigen Garten und hat in 100 m Entfernung Zugang zum Strand. Man kann zwischen hübschen Zimmern und Blockhäusern wählen.
Norman Manley Blvd.
Tel. und Fax 9 57-30 54
4 Zimmer, 3 Cabins
Untere bis Mittlere Preisklasse

Hedonism II
Das ist kein Hotel, das ist eine Weltanschauung, ein Kontakthof der Superlative. Wer nicht auf Sex aus ist, hat hier eigentlich nichts zu suchen. Zumindest wird er sich bei der Anbaggerei unkommod fühlen. Sehr reizvoll ist das umfangreiche Wassersportangebot. Schiffe fahren regelmäßig zum FKK-Strand.
Rutland Point
Tel. 9 57-52 00
Fax 9 57-52 89
230 Zimmer
Obere bis Luxusklasse (AE, DC, EC, VISA)

Mirage Resort
Sechs Hütten in den Fels gesetzt über dem Meer, von Ventilator und Meeresbrise durchlüftet und mit tollem Blick.
P.O. Box 33
Tel. 9 57-44 71, Fax 9 57-44 04
Mittlere Preisklasse (EC, Visa)

Rock Cliff Resort
Auf den Klippen über dem Meer thronend. Alle Zimmer mit Balkon. Rumpunsch bestellen und den Sonnenuntergang genießen – herrlich romantisch.
West End Road
Tel. 9 57-43 31, Fax 9 57-41 08
33 Zimmer
Mittlere Preisklasse (AE, EC, Visa)

Roots Bamboo
Genau das Richtige für Leute mit kleinem Budget. Das Hotel liegt direkt am Strand. Man darf auch ein Zelt aufstellen bzw. kann eines mieten.
Norman Manley Blvd.
Tel. 9 57-44 79
32 Zimmer
Untere Preisklasse (EC, Visa)

MERIAN-TIP

Tensing Pen Hundert Prozent karibisches Flair: Bungalows mit Palmenstrohdächern auf hohen Klippen über dem glasklaren Meer und drumherum üppig dichtes Grün. Hübsch ausstaffiert und heimelig genug für das echte Jamaika-Feeling. Als Kommunikationszentrum gilt die Gemeinschaftsküche. Zum Sonnenbaden sind die Felsen ideal. Für Leute geeignet, die das Besondere lieben. Weil es davon inzwischen einige mehr gibt, sollte man unbedingt rechtzeitig reservieren. Für Kleinkinder weniger geeignet. P.O. Box 13, Tel. 9 57-03 87, Fax 9 57-01 61, 20 Zimmer, Mittlere Preisklasse (EC, Visa) ■ A 3

Der Westen: Negril

Swept Away Resort
Ein üppig-grünes Labyrinth für Verliebte, frisch Vermählte oder auch Hochzeitspaare. Im All-inclusive-Paket sind Trauung, Kuchen und sogar die Flasche Schampus mit drin. Alles bewegt sich auf höchstem Niveau, die großräumigen Zimmer, die Küche, die Bar und sogar die umfangreichen Sporteinrichtungen, die inklusive Klubhaus auf der anderen Seite der Straße liegen. Couples only.
P.O.Box 77, Negril
Tel. 9 57-40 40, Fax 9 57-40 61
136 Veranda-Suiten
Luxusklasse (AE, DC, EC, Visa)

Essen und Trinken

In keinem anderen Touristenmekka Jamaikas gibt's so viele Strandkneipen, Bars oder Imbißstände. Vielleicht ein Relikt aus der Zeit, als Negril noch als Hippie-Nest galt. Für den heutigen Urlauber sicherlich ein Vorteil. Erstens muß er nie weit laufen, zweitens bieten diese Lokalitäten ordentliche Kost für relativ wenig Geld, und drittens macht es einfach Spaß, weil man beim Essen auch noch gut Leute kennenlernen kann. Das Angebot ist unterschiedlich. Mal gibt's »jerk«, mal Fisch, mal Hamburger, mal »rasta i-tal«, nichts für Verwöhnte, aber immer mit kaltem Bier.

Kneipen und Buden
Die folgenden Empfehlungen gehören zur Kategorie Kneipen und Buden. Die ersten liegen entlang den Norman Manley Blvd. auf der Strandseite. Die Preisklasse ist immer die unterste. Zu der etwas gediegeneren Art zählen die Lokale, die häufig einen Shuttle Service anbieten.

De Buss hat zwar die beste und neueste Reggae-Musik, zählt aber kulinarisch nicht unbedingt zur Spitze.

Jamaica Tamboo verfügt über einen eigenen Strand und serviert leckere Pizza.

Wer seinen Vitaminhaushalt auffrischen möchte, findet an den Ständen immer ein reichhaltiges Angebot an frischem Obst vor.

Im **Country Restaurant** gibt's Vegetarisches.

An der West End Road, die die Felsenküste von Negril entlang führt, gilt **Adriji Fast Food & Pastries** als der Imbiß schlechthin für frische Säfte, Ziegeneintopf und Kutteln.

Ein Stückchen weiter **Jenny's Favorite Cakes** für köstlichen French Toast.

Im **Pickled Parrot** sitzt man auf Terrassen über dem Meer und kann sich in nämliches über Schaukeln und Rutsche katapultieren lassen, anschließend Fisch, »jerk« oder Lobster zu sich nehmen.

In den **Jah Beer Garden** geht man nur der Musik und des kühlen Biers wegen.

Den **LTU PUB** oben auf dem steilen Kliff besuchen Sie am besten zum Sonnenuntergang.

Im **Hungry Lion Café** wird bestes »i-tal food« serviert.

Entlang der Straße nach Savannah-la-Mar kommt auf der linken Seite **Miss Brown's Mushroom Place**. Die Pilze, meist in Omelett gehüllt, sind keine Champignons, sondern »Magic Mushrooms«. Eine Droge, die auf Jamaika zwar legal, aber trotzdem nicht ungefährlich ist. Während sich der eine nach dem Verzehr stundenlang totlacht, kommt ein anderer bei gleicher Menge auf den Horrortrip.

Café au Lait
Im Mirage Hotel mit einem leicht romantischen Flair. Probierenswert ist das Huhn in »lime sauce«.
Tel. 9 57-44 71
Mittlere Preisklasse (EC, Visa)

Erica's Café
Einfache Jamaika-Küche mit sehr gutem »lobster chop suey«.
Tel. 9 57-43 22
Untere Preisklasse (keine Kreditkarten)

Rick's Café
Nach Jahren immer noch der »sunset spot«, in dem man sich ab 17 Uhr zum Umtrunk trifft. Auch das Essen ist recht ordentlich.
Tel. 9 57-43 35
Mittlere Preisklasse (EC, Visa)

Rockhouse Restaurant
Malerischer maritim geht's kaum. Man sitzt auf einem Holzdeck über den Klippen und hat die Wahl zwischen italienischer und einheimischer Kost.
Im Rockhouse Hotel
Tel. 9 57-43 73
Untere bis Mittlere Preisklasse (AE, EC, Visa)

Einkaufen

Vier größere Shopping-Komplexe bieten Duty-free-Artikel und Souvenirs, das **Adrija Plaza**, **Negril Plaza**, **King's Plaza** oder das **National Commercial Bank Plaza**. Für Kunstgewerbe, Bastwaren, Klamotten, Hüte etc. stöbern Sie am besten in den vielen Shops und Buden entlang des Norman Manley Blvd. und West End Road.

Am Abend

Live-Musik wird jeden Abend woanders gespielt, mal von lokalen Bands, mal von Gruppen aus Kingston. **Kaiser's**, **MXIII**, **De Buss**, **Alfred's** und **Cheap Bite Garden** zählen zu den beliebtesten Plätzen, aber nicht vor 22 Uhr abends. Gute Tips sind auch **Tree House Club** oder **Summerset Hotel**. An welchem Tag wo was los ist, erfragen Sie am besten im Hotel.

Ausschließlich von der Platte kommt der Sound im **Compulsion** im Negril Plaza oder **Close Encounters** im King's Plaza. Hier wird gehottet bis in den frühen Morgen.

DER WESTEN: NEGRIL

SEHENSWERTE ORTE UND AUSFLUGSZIELE

In Rick's Café trifft man sich am Abend nicht unbedingt des Essens wegen, sondern um den Sonnenuntergang bei einem kühlen Drink zu bewundern oder wagemutige Klippenspringer zu beobachten.

Service

Auskunft

Jamaica Tourist Board
Coral Seas Plaza
Tel. 9 57-42 43
Mo–Fr 8.30–16.30, Sa 9–14 Uhr

Nützliche Telefonnummern
Hospital in Savannah-la-Mar,
Tel. 957-25 23
Notruf, Feuer, Tel. 9 57-42 42
Polizei, Tel. 9 57-42 68

Post
Das sehr ländlich anmutende Postamt liegt auf der West End Road, neben dem King's Plaza.

Verkehrsmittel
Entlang der beiden Straßen von Negril verkehren Kleinbusse und Taxis, natürlich kann man auch gut zu Fuß laufen. Da ein Mietwagen für die relativ kurzen Strecken teuer ist, lohnt es sich, Rad, Mountainbike, Mofa oder Motorrad zu mieten. Angebote finden Sie überall.

Ziele in der Umgebung

Lucea ■ B 2

»Luzy« ausgesprochen, hat nur knapp 6000 Einwohner, aber den hübschesten und tiefsten Hafen der Nordküste. Ansonsten ist hier nicht mehr viel los. An die alte Zeit erinnert die 260jährige **Lucea Parish Church**, die Ruinen des **Fort Charlotte** von 1761, welches zum Schutz vor den Piraten gebaut und nach King George's dritter Frau benannt wurde. Kaum sichtbar hinter dem Bürohaus für staatliche Bauvorhaben überblickt es den Hafen und die 1777 gebaute **Rusea's Old High School**.

Paradise Park ■ B 3

Wegen kunsthistorischer Denkmäler muß man seinen Platz am Strand von Negril nicht aufgeben. Doch eine gemütliche Tour durchs Landesinnere kann durchaus vergnüglich sein. Am besten, Sie nehmen Badezeug mit, hüpfen in die Flüsse oder genießen einfach die Landschaft. Dafür nehmen Sie die Straße nach **Savanna-la-Mar**, beachten den orientalischen Torbogen am New Hope Estate, durchfahren **Little London**, welches von Nachfahren indischer Kulis bewohnt wird, und landen in Savanna-la-Mar, 1703 gegründet.

Die Great Street – längste Straße Jamaikas – endet am **Old Fort**. Etwas oberhalb findet man das **Courthouse** mit seinem verzierten eisernen Trinkbrunnen.

Etwa 10 km östlich in Ferris Cross liegt der **Paradise Park** aus dem 18. Jh. Hier kann man reiten, Vögel beobachten und etwas über tropische Pflanzen erfahren. Von hier aus über Amity Cross, Frome, Grange Hill nach Lucea werden diverse Flüßchen überquert. Manche eignen sich zum Baden.

Y.S. Falls ■ C 4

Die Tour läßt sich gut mit Paradise Park verbinden. Die Y.S. (sprich wai ess) Falls liegen nahe Bamboo Avenue auf einem Gut, auf dem auch Rennpferde gezüchtet und Rinder gemästet werden. Ab Holland ist ausgeschildert. Vom Farmeingang geht's zehn Minuten mit dem Traktor querfeldein in den Dschungel. Die Wasserfälle, die in mehreren Kaskaden herunterstürzen, sind spektakulär. Man kann darin baden, sogar hinten den Sturzbach klettern und durch die Wasserwand hüpfen. Eintritt 9 US$

Der Süden

Jamaikanischer Ballungsraum:
Hier lebt der größte Teil der Bevölkerung. Und doch bieten weite Ebenen, grüne Täler und die Hänge der Gebirgszüge noch jede Menge Platz.

Die Südküste ist die längste aller karibischen Ränder Jamaikas. Sie zieht sich von **Savanna-la-Mar** in Bögen, Halbinseln und Buchten bis zum **Morant Point**. Man könnte etwa 400 Kilometer immer am Ufer entlangfahren, auf der Straße sind es etwa die Hälfte.

Kingston, Blue Montains und Middlesex

Dominierend liegt an ihrer östlichen Seite die Hauptstadt Kingston, dahinter erheben sich die bis über 2000 Meter ansteigenden Blue Mountains. Sie bilden einen Teil der Provinz Surrey. Nach Westen anschließend das südliche Middlesex, vom Tourismus fast unberührt, mit weiten Ebenen und Sümpfen an der Küste, die sich langsam gegen die Berge zu Hügeln wölbt. Hier werden viel Zuckerrohr und Zitrusfrüchte angebaut. Bauxitminen verstecken sich hinter leuchtendem Grün, die meisten sind inzwischen geschlossen. Noch vor 30 Jahren war Jamaika der weltgrößte Bauxitlieferant. In **St. Elisabeth** gibt's Krokodile und den neuesten Flecken auf der touristischen Karte: **Treasure Beach**.

Savanna-la-Mar ist eine friedvolle Kleinstadt südöstlich von Negril und über eine gutausgebaute Straße erreichbar.

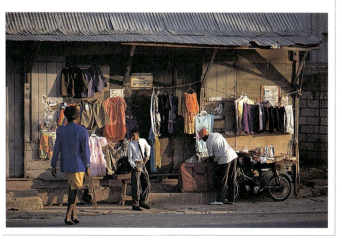

DER SÜDEN: KINGSTON

Nur bei Nacht kann man das Ausmaß der Hauptstadt Jamaikas richtig erkennen. Erleben läßt sich dieses eindrucksvolle Stadtpanorama am besten von den Blue Mountains aus.

Kingston ■ H 4/i 4

700 000 Einwohner
Stadtplan → S. 82/83

Nachts funkelt – so weit das Auge reicht – ein Lichtermeer vor dunklem Horizont, an dem sich Himmel und Meer vereinigen. Die größte englischsprechende Metropole südlich von Miami dehnt sich im östlichen Teil der Südküste in der Biegung der Kingston Bay aus. Von den touristisch orientierten Ortschaften an der Nordküste wenigstens zwei Stunden entfernt, liegen Welten zwischen ihnen und der quirligen Hauptstadt. In Kingston sitzt die Regierung, hier liegen der größte Hafen und kulturelle Institutionen, die einen Tagesausflug lohnenswert machen.

Die Metropole verdient aus verschiedenen Gründen Beachtung: Kingstons Geschäfts-, Gesellschafts- und Kulturgemeinden haben sich besonders in den letzten Jahren einen wichtigen Platz innerhalb der karibischen Inselwelt erobert.

Mit dem Auto durch die Stadt

Für den Autofahrer ist die Orientierung, wenn er sich von den Staus nicht abschrecken läßt, gar nicht so schwer. Von Spanish Town kommend, gabelt sich die A1 bei Six Miles. Wer sich rechts hält, erreicht auf schnurgerader Straße einige Kilometer später The Parade mit dem St. William Grant Park, das alte Herz der Stadt.

Auf der gegenüberliegenden Seite beginnt die A4, die wieder gen Osten aus der Stadt hinausführt. Steht man mit dem Rücken zum Hafen, besser noch auf der Nehrung Palisadoes, erscheint das Panorama der Stadt wie ein Fächer, der sich anfangs platt und dann in Wellen und Hügeln bis zu den Hängen der Blue Mountains zieht.

Alles, was über der Ebene liegt, nennt sich »uptown«. Sie unterscheidet sich von »downtown« nicht nur rein geographisch, sondern auch in sozialer und architektonischer Hinsicht.

Unten wohnen die Armen in zerfallenen Wohnhäusern, Hütten und Notunterkünften. Darüber lebt der Mittelstand in mehr oder weniger eintönigen Mietshäusern. Dazwischen liegen Firmengebäude und Hotels, das Gelände aufgelockert durch kleine Grünanlagen. Und oben in etwas luftigerem Klima verstecken sich die feudalen Villen der Reichen in tropisch dichter Vegetation.

Hotels/andere Unterkünfte

Four Seasons ■ a 2
Herrliche weiße Villa im edwardianischen Stil inmitten eines Gartens mit hohen schattigen Bäumen. Das Restaurant bietet teils deutsche, teils jamaikanische Gerichte. Das Hotel steht unter der Leitung der deutschen Schwestern Helga Stöckert und Christa Lundh.
18 Ruthven Road,
Tel. 9 29-76 55, Fax 9 29-59 64
39 Zimmer
Mittlere Preisklasse (AE, EC, Visa)

Ivor Guesthouse ■ i 4
Oberhalb von Kingston in nobler Nachbarschaft gelegen, hat man von hier aus einen herrlichen Blick auf die Stadt und wohnt höchst behaglich inmitten schöner Antiquitäten.
Jack's Hill
Tel. 9 77-00 33
3 Zimmer
Mittlere Preisklasse (AE, EC, Visa)

Le Meridian ■ b 3
Kingston feinstes Hotel, in dem überwiegend Geschäftsleute, VIPs aus Politik, Wirtschaft und Kultur absteigen. 17 Etagen hoch bietet es alles, was das »big business« an Komfort und Freizeiteinrichtungen benötigt. Zur sonntäglichen Pool- und Barbecue-Party trifft sich Kingstons High Society.
81 Knuts Blvd.
Tel. 9 26-36 90, Fax 9 29-58 55
350 Zimmer
Luxusklasse (AE, DC, EC, Visa)

Terra Nova ■ a 1/b 1
Was einst als feudale Residenz gebaut wurde, ist heutzutage ein schmuckes Inn mit schönem Garten und Pool.
17 Waterloo Road
Tel. 9 26-93 34, Fax 9 29-49 33
35 Zimmer
Mittlere bis Obere Preisklasse (AE, DC, EC, Visa)

Spazierfahrt

Kingston ist zu groß und seine interessanten Ecken sind zu weit verstreut, als daß man sie zu Fuß erkunden könnte. Besser, Sie nehmen sich einen Mietwagen oder für ein paar Stunden ein Taxi. Lediglich das

MERIAN-TIP

Strawberry Hill In 1000 m Höhe hat Musikproduzent Chris Blackwell ein Hotel mit original kolonialem Flair geschaffen. Geschnitzte Holzpaneele und reichlich Antikes schmücken die 18 Villen in einer Art botanischem Garten. Die Zimmer sind mit modernster Technik ausgestattet, aber sie versteckt sich im romantischen Outfit zwischen Himmelbetten und altertümlichen Kommoden. Erstklassig ist hier auch die Küche: lokale Rezepte, verfeinert und mit Phantasie serviert. Dazu einen köstlichen Roten aus Kalifornien. Irish Town, Tel. 9 44-84 00, Fax 9 44-84 08, 18 Villen, Luxusklasse (AE, DC, EC, Visa) ■ i 4

DER SÜDEN: KINGSTON

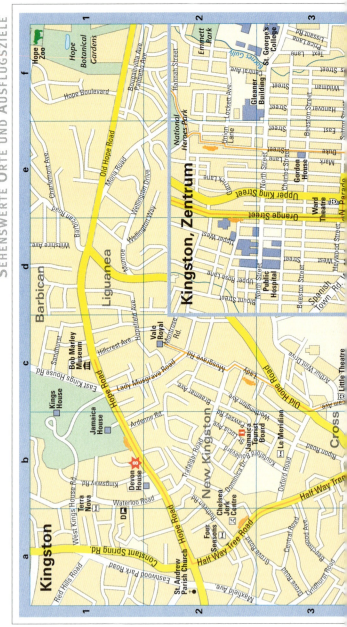

DER SÜDEN: KINGSTON

alte, im Schachbrettmuster angelegte Zentrum rund um den St. William Grant Park läßt sich auch gut zu Fuß meistern. Allerdings macht man diese Spaziergänge mehr der Atmosphäre wegen denn der Besichtigung von Baudenkmälern.

Unser Ausgangspunkt ist **The Parade**, das viereckige Herz der »neuen« Altstadt mit dem St. William Grant Park in der Mitte, dem **Ward Theatre** an der nördlichen Seite der Cike Church im Osten und der Kingston Parish Church im Süden. Hier biegen Sie nach links in die **Kings Street**, an der rechter Hand das Post Office und drei Blocks weiter die **National Gallery** liegt, und fahren zum Ocean Boulevard hinunter. Nach rechts führt er an der Kingston Mall vorbei – gegenüber die Anleger der Kreuzfahrtschiffe –, macht einen Bogen und stößt am **Crafts Market** auf die Port Royal Street. Eine Einbahnstraße, deshalb kann man erst auf der nächsten, der Harbour Street, nach rechts abbiegen.

Elf Blocks weiter geht's nach links in die **Duke Street**, einer Geschäftsstraße mit altem Charme. An der übernächsten Kreuzung rechts liegt das **Institute of Jamaica**. Der Eingang befindet sich auf der East Street. Auf dieser gen Norden kommt man geradewegs zum **National Heroes Park**, folgt einer leichten Rechtskurve, die auf den Heroes Circle führt, und weiter geradeaus auf die **Marescaux Road**. Hier reihen sich linker Hand die **Wolmer's School** und das **Mico College**. Entlang der Straße stehen kleine Bäume mit Jamaikas Nationalblume, der Lignum Vitae (Lebensbaum), die im Juli knallrot blüht. Die Marescaux Road macht einen Haken nach links und läuft in die Slipe Road.

Ganz links sieht man das **Carib Theatre**, doch wir biegen nach rechts zur großen Kreuzung Cross Road, dort wieder rechts in die Caledonia Ave., die im Bogen nach links in den **Tom Redcam Drive** übergeht, die gern als Kulturstraße Jamaikas bezeichnet wird. Hier befinden sich das **St. Peters Convent**, die **Public Library** und das **Little Theatre**. Die Tom Redcam Drive stößt wieder auf die Old Hope Road. Auf dieser gen Norden, links in die Lady Musgrave Road bis zum **Vale Royal**, Ecke Montrose Road. Vom feudalen Wohnsitz des Premierministers muß man ein paar Meter zurückfahren, rechts abbiegen und kommt dann auf den großen Park mit dem **Jamaica House**, dem Arbeitsplatz des Premierministers, und dem **Kings House**, in dem der Generalgouverneur heutzutage residiert. Es wurde nach dem Brand von 1907 nach alten Plänen wiederaufgebaut. Ein kurzer Abstecher auf Hope Road gen Osten bringt Sie zum **Bob Marley Museum**.

Westlich des Parks an der Kreuzung Hope Road und Trafalgar liegt etwas zurückgesetzt das **Devon House**. Eine Kreuzung weiter Half Way Tree genannt, die **St. Andrew Parish Church**. Östlich davon der Stadtteil New Kingston, in dem die meisten großen Hotels liegen. Fährt man die Half Way Tree Road nach Süden, weiter auf der Slipe Road, so kommt man schließlich zurück zu The Parade. Für die gesamte Strecke inklusive Besichtigung und Fotostopps müssen Sie mindestens einen halben Tag einplanen.

Einen Besuch in Devon House sollte man bei seiner Stadttour einplanen. Es beherbergt ein Museum, einen Laden sowie mehrere Lokale.

Sehenswertes

Devon House ▪ b 2

Kingstons Schaustück, das auf keiner Tour fehlen darf, wurde 1881 von dem dunkelhäutigen Millionär George Stiebel erbaut. Sein Vater, ein eingebürgerter Brite, stammte aus Hamburg. Stiebel machte sein Glück in Lateinamerika, wo er eine Goldmine betrieb. Seine ehemalige Residenz gilt als das schönste Zeugnis kolonialer Architektur auf Jamaika. Liebevoll renoviert, kann man in verschiedenen Räumen den feudalen Wohnstil des 19. Jh. bewundern. Das Devon House ist reichlich mit wertvollen Antiquitäten aus der Karibik und Europa eingerichtet (→ S. 89).
Hope Street/Waterloo Road
Di–Sa 9.30–17 Uhr

Gleaner Building ▪ f 2/f 3

Das Gebäude ist Sitz der ältesten Tageszeitung der Insel, des *Daily Gleaner*, der seit 1834 kontinuierlich erscheint. Aus dem gleichen Haus stammen *The Sunday Gleaner* und *The Star*.

Gordon House ▪ e 3

Das schöne Kolonialhaus, nach dem Freiheitskämpfer William George Gordon benannt, ist der Sitz des heutigen Parlaments. Genau gegenüber, an der Beeston Street, liegt das Headquarter House aus dem 18. Jh. Hier tagte früher die Regierung.
Duke Street

Hope Botanical Gardens and Zoo
▪ f 1

Als die britische Krone noch regierte, hatte der 100 ha große Park den Prefix »royal«, in Erinnerung an den Besuch von Queen Elisabeth im Jahre 1953. In früherer Zeit gehörte das Areal zum Besitz der einflußreichen Familie Hope, nach der auch zwei Straßenzüge und ein Fluß benannt wurden. Mitte des 18. Jh. bauten ihre Sklaven Aquädukte, um mit dem Flußwasser Mühlen anzutreiben. Teile des später von der städtischen Wasserversorgung übernommenen Systems sind noch heute in der Nähe des Parks und in den Mona Heights in Gebrauch. Im Hope Garden tummeln sich häufig Familien und picknicken. Angeschlossen ist ein Zoo mit Tieren der Karibik. Einige – wie die gelbe Schlange – leben nur auf Jamaika.
Old Hope Road
Tgl. 8.30–16.30 Uhr

Kingston Parish Church ▪ e 4

Die jetzige Kirche wurde 1911 erbaut. Sie wurde nach einem Brand nach ursprünglichen Bauplänen vom Ende des 17. Jh. neu errichtet. Der Uhrturm, ein Wahrzeichen Kingstons, samt Friedhof wurde um das Jahr 1699 angelegt. Das älteste Grab trägt diese Jahreszahl.

Bemerkenswert im Innern sind die Geschenke der Gläubigen aus verschiedenen Jahrhunderten. Der Hochaltar mit den Standbildern der Jungfrau Maria und des heiligen Thomas beispielsweise ist eine Gabe der chinesischen bzw. syrischen Gemeinde.

National Heroes Park ▪ b 4/b 5

Auf dem Gelände der alten Pferderennbahn von Kingston, auf der 1816 die ersten Wettbewerbe ausgetragen wurden, entstand nach dem Ersten Weltkrieg der George VI.-Gedächtnispark mit dem Kriegerdenkmal, später wurde er in **Park der Nationalhelden** umgetauft, denen ein Totenschrein gewidmet wurde. Zum Beispiel Alexander Bustamante, Gründer der JLP, Norman Manley, Gründer der PNP, Paul Bogle und George William Gordon, Anführer der Morant-Bay-

Rebellion, außerdem General Antoneo Maceo, ein kubanischer Unabhängigkeitskämpfer, der sich mehrmals auf Jamaika verstecken mußte. Außerhalb des Parks vor dem Ministerium für Erziehung prangt das **Simon-Bolivar-Denkmal**. Der venezolanische Freiheitskämpfer verbrachte im Kampf gegen die spanischen Kolonialherren mehrere Monate auf Jamaika und verfaßte hier den »Jamaica Letter«, eines der bedeutendsten Dokumente seiner Karriere.

St. Andrews Parish Church ■ a 2
Sie gilt als die älteste Kirche auf Jamaika. 1666 das erste Mal erwähnt, geht dieser Bau auf das Jahr 1700 zurück und wurde mehrmals renoviert. Die Kirche liegt im Viertel **Half Way Tree**. Der Name, so sagt man, stammt von einem riesigen Baum, unter dessen schattiger Krone ein Imbiß stand, ein Ruhe- und Erfrischungsplatz für Reisende. Der Baum ist längst verschwunden, genauso wie das Wissen, wo genau er gestanden hat. Wahrscheinlich zwischen den Militärbaracken von Port Henderson und Newcastle.

Vale Royal ■ c 2
Der heutige Wohnsitz des Premierministers stammt aus dem Jahr 1694 und ist seitdem bewohnt. Es wurde von Simon Taylor errichtet, einem der Reichsten zu damaliger Zeit. Auffallend ist der kleine Aussichtsturm über der herrlichen Fassade, von dem man das Treiben im Hafen beobachten konnte.

Wolmer's High School & Mico College ■ b 4
Der Ursprung dieser Schule liegt 300 Jahre zurück, als sie aus den Geldern des Nachlasses von John Wolmer gegründet wurde, einem reichen Goldschmied aus Kingston. Gleich nebenan das **Mico College**, eine der ältesten pädagogischen Hochschulen der Welt. Sie wurde aus Geldern des Lady Mico Trust gebaut, für Kinder von Sklaven nach der Absolution. Die gleichen Mico-Schulen entstanden auch auf anderen karibischen Inseln, aber dieses ist die letzte, die noch existiert.

»Cool, mahn!«: eine Clique jamaikanischer Jugendlicher.

DER SÜDEN: KINGSTON

Museen

Bob Marley Museum ▪ c 1

In der ehemaligen Behausung neben Tuff Gong Studios untergebracht, sind hier die Gold- und Platin-Platten des Musikers und seiner Gruppe »The Wailors« zu bewundern, außerdem 200 Schriftstücke über Jamaikas berühmtesten Rasta. Während des Rundganges werden dem Besucher auch die Löcher in der Küchenwand gezeigt, die von einem Anschlag auf Bob Marley 1976 stammen. Die ganze Zeit dröhnt seine Musik aus Lautsprechern, was die Visite für Besucher, die keine ausgesprochenen Fans seiner Musik sind, nicht besonders erquicklich macht. Aber das soll so sein.
56 Hope Road
Tel. 9 27-91 52
Mo, Di, Do, Fr 9.30–16.30,
Sa, Mi 12.30–17.30 Uhr
Eintritt 5 US$

Der Mythos von Bob Marley, des wohl berühmtesten Jamaikaners, wird in einem Museum aufrechterhalten.

Coin and Notes Museum ▪ e 5

Wer sich für alte Münzen, Banknoten und »Tallies«, das sind alte Lohncoupons der Bananenverlader, interessiert, sollte der **Bank of Jamaica** auf der Nethersole Place einen Besuch abstatten. Geöffnet zu den üblichen Geschäftszeiten.
Duke Street

Institute of Jamaica ▪ e 4

1870 gegründet, um Literatur, Wissenschaft und Kunst zu forcieren, ist hier eine umfangreiche Bibliothek untergebracht, die dem Interessierten Zugang zur Geschichte Jamaikas und Westindiens sowie zur Kunst- und Naturgeschichte verschafft.
12 East Street/Tower Street
Mo–Fr 9–16 Uhr

Museum of Natural History ▪ e 4

Ein interessantes Museum, in dem man u.a. etwas über tropisches Obst, Gemüse und Holzarten, Jamaikas reiche Vogelwelt, Mineralien und die Geschichte von Port Royal erfährt.
Tower Street
Mo–Do 9–17, Fr 9–16 Uhr

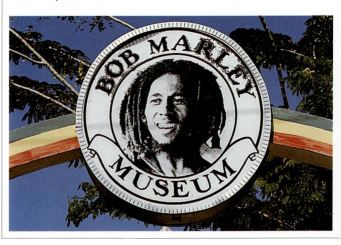

KINGSTON

National Gallery of Jamaica ▪ d 5
Sie beherbergt die größte Sammlung zeitgenössischer und früherer Künstler Jamaikas. Eine gesamte Etage ist Edna Manley gewidmet, Gattin von Norman Manley und Mutter von Michael Manley, zwei der wichtigsten Politiker des Inselstaates. Sie hat sich nicht nur für die einheimischen Künstler eingesetzt, sondern auch selbst viele Zeichnungen und Skulpturen geschaffen. Sehr interessant auch die surrealistischen Arbeiten von Colin Garland und Namba Roy und die Skulpturen von John Dunkley (→ S. 25). Im Foyer steht eine Statue von Bob Marley, geschaffen von Christopher Gonzales.
Port Royal Street
Tel. 9 22-15 61
Mo–Sa 10–17 Uhr
Eintritt: eine Spende

Essen und Trinken

Blue Mountain Inn ▪ i 4
Die Lage ist idyllisch: oberhalb der Stadt am Ufer des Mammee Rivers im Grünen. Die Einrichtung erinnert an französische Landgasthäuser, die Küche bietet überwiegend Seafood, der Keller ordentliche Weine. Die Herren müssen Sakko tragen.
Gordon Town Road
Tel. 8 09/9 27-17 00
Reservierung notwendig
Luxusklasse

Chelsea Jerk Centre ▪ a 2
Eines der beliebtesten und besten Lokale der Stadt, die »jerk-pork« und »-chicken« zubereiten.
7 Chelsea Ave.
Tel. 9 26-63 22
Untere Preisklasse

Devon House ▪ b 2
Kingstons prächtigster Museum-Laden-Restaurant-Komplex beherbergt verschiedene Lokale (→ S. 86). Im **Devonshire** speist man elegant-intim zu Mittag und Abend, auf der **Coffee Terrace** werden leichte Snacks, Tee und am Sonntag Brunch serviert, im **Grog Shoppe** gibt's Cocktails mit und ohne Alkohol aus frischen Säften und im **Brick Owen** köstliche hausgebackene Kuchen und Kekse.
Hope Street/Waterloo Roads
Devonshire, Tel. 9 29-70 46
Coffee Terrace, Tel. 9 29-70 63
Mittlere Preisklasse

Raphael's ▪ c 1
Ein neues, legeres Lokal mit italienischer Küche. Spezialität sind Pastagerichte. Köstlich die Nachspeisen, besonders die Eiscremes.
7 Hillcrest Ave.
Tel. 9 78-29 83
Obere bis Luxusklasse

Einkaufen

Abgesehen von Kunstgalerien, einigen Platten- und Büchershops gibt's kaum spezielle Adressen. Aber reichlich Läden bzw. Shopping Malls mit all dem, was sich als Mitbringsel eignet. Wer lokales Kunsthandwerk sucht, könnte im **Devon House** und auf dem **Kingston Craft Market** an der Victoria Pier fündig werden, auf dem **Jubilee Market** westlich von The Parade oder auf dem Flohmarkt am Sonntag im New Kingston Drive-in-Theater auf dem Dominica Drive in New Kingston. Im Mall Plaza auf der Constant Spring Road gibt's Duty-free-Läden, Schmuck und Souvenirs.

An der Spanish Town Road liegt die **Kingston Industrial Garage** – eine originelle Adresse für Fans alter Autos und Ersatzteile. Es heißt, die Werkstatt sei der älteste kontinuierlich arbeitende Ford-Händler der Welt, gegründet 1907.

Bücher

Bolivar Book Shop and Gallery
Große Auswahl an Büchern und
künstlerischen Werken.
1d Grove Road

Sangster's Book Store ■ a 3
hat Filialen in der Water Lane (■ d 4),
King Street (■ e 4), Harbour Street
(■ d 4) und Old Hope Road (■ c 3).

Kunst

Babylon Jamaica ■ a 1
Kunst und Kunsthandwerk nicht nur
von Rastafaris.
10a West King's House Road

The Frame Gallery Centre
westlich ■ a 3
Eine der besten, aber auch teuersten Galerien.
10 Tangerine Place

Am Abend

In Kingston gibt es naturgemäß eine
ganz andere Szene als in den Touristenmekkas. Fans von Reggae und
Dancehall können, wenn sie Glück
haben, Jamaikas Topstars in den
Klubs und Bars live erleben. Manchmal geht's dabei ziemlich wild zu,
auch ohne Stars.

Cable Hut südöstlich ■ f 6
Keine Kneipe, sondern ein Strandabschnitt mit Bierbude, an dem
am Wochenende häufig Reggae-
Konzerte veranstaltet werden.
Morant Road

Godfather's ■ b 3
Man weiß nie so genau, wer hinter
dem Plattenteller steht. Ob's wirklich ein Pate ist, sei dahingestellt.
Jedenfalls tobt sich allabendlich
die Menge die Seele aus dem Leib.
Knutsford Blvd.

Little Theatre ■ c 3
Unter den Jamaikanern »Likkle«
genannt, ist es der Little Theatre
Movement (LTM), der Kleintheaterbewegung, verbunden. 1942 von
Henry und Greta Fowler gegründet,
unterstützt dieser Verein Jamaikas
Kulturleben. Die berühmtesten
Darbietungen im Little Theatre –
Baujahr 1961 – sind Pantomimen,
meist im Dezember, und die **Season
of Dance** der National Dance Theatre Company im Juli und August.
4 Tom Redcam Ave.
Tel. 9 26-61 29

Mingles ■ b 2
Diskothek mit gemischter Musik,
freitags ist den ganzen Abend
Happy Hour für 100 J$ pro Mann,
50 J$ pro Frau.
Im Courtsleigh Hotel

The Rock ■ a 1
Jeden Mittwoch treffen sich Oldie-
Fans zum Schwof.
Red Hills Road

Skateland ■ a 2
Die Chance, hier einen der lokalen
Reggae-Stars zu erleben, ist am
Wochenende recht groß.
Half Way Tree

Ward Theatre ■ e 3
An gleicher Stelle, mehrmals wieder
aufgebaut, werden in dem himmelblauen Kolonialgemäuer seit 1770
Schauspiele und Balletts aufgeführt.
North Parade
Tel. 9 22-32 13

*Auch die Märkte von
Kingston und Umgebung sind
eine wahre Fundgrube
für Mitbringsel aller Art.*

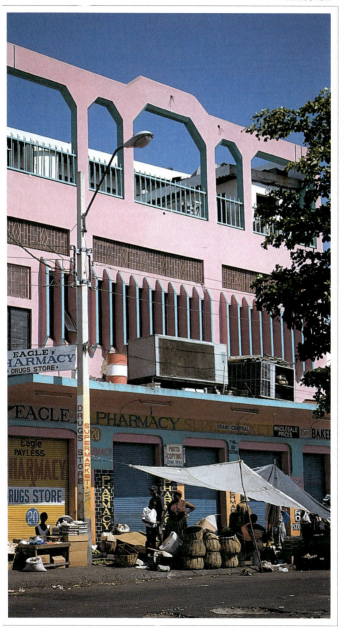

DER SÜDEN: KINGSTON

Service

Auskunft

Jamaica Tourist Board (JTB) ■ b 2
Tourism Centre
2 St. Lucia Avenue
Tel. 9 29-92 00

Hospital
Bellevue Hospital ■ d 6
Windward Road
Tel. 9 26-13 80

Post ■ e 4
In 13 King's Street ist das sehenswerte Hauptpostamt, daneben gibt's weitere 14 Filialen über die Stadt verteilt.

Verkehrsmittel
Busse und Taxis fahren von den Terminals an The Parade in alle Richtungen, ohne sich nach irgendwelchen Fahrplänen zu richten, eher nach dem Motto »wenn's voll ist, geht's los«.

Weitere wichtige Haltestellen liegen auf der Kings Street südlich The Parade, auf dem Half Way Tree und beim Kingston Craft Market.

Ab Papine und Barbican verkehren die Busse ausschließlich gen Norden. Taxis haben meist keinen Taxameter, unbedingt vor der Abfahrt über den Preis verhandeln.

Taxiruf
Blue Ribbon Taxi, Tel. 9 28-77 39
JUTA, Tel. 8 09/9 26-15 37

Ziele in der Umgebung

Hellshire Beach ■ H 5

Man muß nicht unbedingt zum Baden diesen Strand besuchen – vielmehr um echte Jamaika-Wochenend-Atmosphäre zu schnuppern. Eine lange Reihe von Fisch-, Lobster- und Bammy-Hütten säumen die Gefilde, Reiter galoppieren auf mageren Pferden über den Sand, und auch Kingston's Jet-set wird angetroffen. Burschen spielen Fußball, und über allem liegen Dancehall-Klänge und eine Wolke von Marihuana. Parken erweist sich als äußerst schwierig. Am besten, man fährt mit dem Bus von Half Way Tree hierher. Der Strand liegt etwa 20 km südwestlich von Kingston.

MERIAN-TIP

Spanish Town Etwa zwanzig Kilometer westlich von Kingston liegt die ehemalige Hauptstadt Jamaikas, ein Juwel britisch-kolonialer Architektur. Rund um den Antique Square reihen sich das ehemalige **British House of Assembly**, die Fassade des **Old King's House**, hinter der sich ein archäologisches Museum verbirgt, die **Old King's Stables**, heute Volksmuseum für Kunsthandwerk und Technik, sowie die **St. James Church**. Die Museen sind wochentags von 10 bis 16 Uhr geöffnet. Kurz vor Spanish Town liegt **White Marl** mit dem **Arawak Museum**, in dem Relikte aus präkolumbianischer Zeit gezeigt werden. Tgl. 10–17 Uhr ■ G 4/H 4

KINGSTON – NEWCASTLE/PINE GROVE

Newcastle/Pine Grove
i 4

Das Schönste an diesem Ausflug ist die Fahrt, führt sie doch über die Gordon Road nordöstlich aus Kingston hinaus und dann in vielen Windungen an steilen Berghängen und tiefen Schluchten entlang in die Blue Mountains. Bis nach Newcastle sind es nur 20 km, aber man braucht auf der schmalen Straße eine gute Stunde. Oben angekommen, bietet sich herrliches Panorama der gesamten Hauptstadt nebst Bucht. Bei guter Sicht kann man noch viel weiter übers Land und auf die Nehrung Palisadoes blicken. Newcastle ist eine Garnison in 1200 m Höhe, bewohnt von Soldaten der Jamaica Defence Force. Die Straße führt direkt über ihren Exerzierplatz. Der hochgelegene Militärposten wurde bereits 1841 von General Sir Walter Gomm angelegt, als er dem Gelbfieber, dem viele Soldaten in der Ebene zum Opfer fielen, entfliehen wollte.

Fahren Sie weiter bergan, erreichen Sie bald die Nebelwälder des **Hollywell National Parks**, ein Landschaftsschutzgebiet, das zum Spaziergang einlädt. Regenjacke nicht vergessen! Die Straße windet sich um den **St. Catherine's Peak** herum, in Section schlagen Sie den schmalen Weg nach rechts ein und kurven langsam über St. Peter und Content Gap zum Berggasthof Pine Grove.

Hotels/andere Unterkünfte

Maya Lodge & Hiking Center
Naturliebhaber und Hiker finden in diesen schlichten Hütten auf 800 m Höhe und 20 Taximinuten von Kingston entfernt die ideale Basis für Tagesausflüge. Die Lodge ist Hauptquartier von Peter Bentleys Sense Adventures, eine Tourenorganisation der besonderen Art: Wandern in den Blue Mountains, Kanufahren oder Disko-Besuche in Kingston.
P.O.Box 216, Kingston 7
Tel. 9 27-20 97
10 Zimmer
Untere Preisklasse (AE, EC, Visa)

In himmelblauer Kolonialpracht wird Kultur im Ward Theatre seit 1770 präsentiert.

DER SÜDEN: KINGSTON

Pine Grove Guest House
Hier können Sie sich mit kräftiger lokaler Kost stärken, den Blick über Kingston – vor allem bei Nacht zu empfehlen – genießen und übernachten, falls Sie sich zu einer Besteigung des **Blue Mountain Peaks** entscheiden. Eine Zweitagestour, für die Sie im Gasthof einen Führer bekommen können. Jedoch besser, man meldet sich dafür vorher an.
Tel. 9 22-87 05, Fax 9 22-58 95
14 Zimmer
Mittlere Preisklasse (AE, EC, Visa)

Essen und Trinken

The Gap Cafe
Bei Newcastle liegt dieses plüschige Aussichtscafé, in dem man bei einer Tasse Blue Mountain Coffee den herrlichen Blick auf Kingston genießen kann.
Tel. 9 97-30 32
Untere bis Mittlere Preisklasse

Port Royal   H 5

Am 7. Juni 1692 versank der sündigste Ort der damaligen Neuen Welt beim Großen Erdbeben innerhalb von zwei Minuten im Meer. Mit ihm die zusammengetragenen Schätze des Freibeuters Sir Henry Morgan. Hier fand er die drei wichtigsten Grundlagen, um seinen ausschweifenden Lebensstil zu unterhalten: einen Markt für die erbeuteten Schätze, Einrichtungen, um Schiffe zu reparieren und auszustatten, sowie reichlich Gelegenheiten, dem sexuellen Vergnügen zu frönen. Das Ganze im Namen der britischen Krone, die das abenteuerliche Treiben der Piraten unterstützte.

Ein paar Jahre nach dem Erdbeben entstand ein neuer Ort. Diesmal kein Umschlagplatz, sondern ein Marinehafen. Im 18. Jh. galt er als der wichtigste Stützpunkt der britischen Flotte in der Karibik. Anstatt Freibeutern hielten berühmte Admiräle das Ruder fest in der Hand. Unter ihnen Edward Vernon, nach dem später die Familienresidenz George Washingtons benannt wurde, Mount Vernon. Auch der junge Lord Horatio Nelson war hier von 1777 bis 1779 stationiert.

Aus dieser Epoche stammen die restaurierten Gebäude und Reste, die man heute besichtigen kann. In Erinnerung an den späteren Helden von Trafalgar wurde der Ausguck des Forts George Nelson's Quarterdeck genannt.

Port Royal blieb bis 1838 unter unabhängigem Befehl bei der Royal Navy. Nach dem Verbot der Sklaverei wurde es aufgegeben. Außer Fort George mit dem Maritime Museum ist ein Besuch des Old Naval Hospitals interessant. In diesem Gebäude ist das Historical Archaeological Museum untergebracht.

Hotel/Essen und Trinken

Morgan's Harbour Hotel
In dem stilvollen Restaurant ißt man vortrefflich Seafood. Das hübsche Hotel liegt 10 Autominuten vom Norman Manley Airport entfernt. Ein Taxiservice holt Sie kostenlos ab. Die Zimmer sind groß und karibisch luftig eingerichtet. Beliebt sind Bootsausflüge zu den unbewohnten Inselchen und Freitag abends ein Spaziergang zur Jamming Night und frischem Grillfisch.
Tel. 9 67-80 30/40, Fax 9 67-80 73
20 Zimmer
Obere Preisklasse (AE, DC, EC, Visa)

Jamaikas ehemalige Hauptstadt Spanish Town kann mit so manchem Juwel kolonialer Architektur aufwarten (→ MERIAN-Tip S. 92).

Der Süden: Treasure Beach

Ein tiefer Blick in die Geschichte und in bizarre Natur gleichermaßen. In die schwerdurchdringliche Kalksteinlandschaft flüchteten im 18. Jahrhundert die Sklaven vor ihren Häschern.

Treasure Beach ■ D 5

Die zweite »Entdeckung« fand erst vor kurzem statt, nachdem unermüdliche Landsgenossen auf der Suche nach neuen Sandgefilden sich bei den gastfreundlichen Bewohnern von Treasure Beach einquartierten.

Daraus hat sich inzwischen eine Kleinkolonie von Backpakkers, Budget-Travellern und sonstigen Individualisten entpuppt. Man wohnt privat, in Gästehäusern oder originellen Kleinhotels, genießt den schönen Sandstrand oder unternimmt interessante Ausflüge in die nähere Umgebung. Letztere werden ganz spontan von Einheimischen organisiert, wenn sich genügend Leute dafür zusammenfinden. Man hat in Treasure Beach noch das Gefühl, daß das Verständnis zwischen Jamaikanern und Ausländern weniger durch den Kommerz als vielmehr durch Herz und Seele geprägt wird. Man geht sehr freundlich miteinander um. Was alles natürlich nicht heißt, daß die nahe Zukunft Veränderungen bringen kann.

Treasure Beach liegt fernab von jeglichem touristischen Trubel und ist immer noch Geheimtip für Individualreisende.

Hotels/andere Unterkünfte 🛏

4 M's Cottage
Mrs. Campbell ist ein Schatz, die ihre Gäste mit Liebe verwöhnt. Die Zimmer sind pieksauber und recht hübsch, im Garten gibt's sogar eine Bar.
Tel. 9 65-01 31, Fax 9 65-01 40
6 Zimmer
Untere Preisklasse (keine Kreditkarten)

Jake's Village
Die Steinhäuschen stehen über dem Ministrand und verfügen über eine lauschige Terrasse. Extra untergebracht ist das gleichnamige Lokal, Spezialität frische Lobster und Fisch. Man trifft hier viele Leute aus der Musik- und Filmbranche.
Calabash Bay
Tel. und Fax 9 65-05 52
5 Zimmer
Mittlere Preisklasse (AE, DC, EC, Visa)

Treasure Beach Hotel
Das bisher einzige »echte« Hotel mit recht großen, aber lauten Zimmern und Air conditioning.
P.O. Box 5
Tel. 9 65-01 10, Fax 9 65-23 05
36 Zimmer
Obere Preisklasse (AE, EC, Visa)

Essen und Trinken ❌

Tiffany's
Im Innern ist es weißgedeckt, draußen hockt man auf einer hübschen Terrasse. Die Speisen reichen vom Lobster über »ackee'n saltfish« bis zum Salat.
Tel. 9 65-03 00
Untere Preisklasse (EC, Visa)

Trans Love
Der Mittelpunkt des gastronomischen Lebens: Zu Ralf Hellings, gelerntem Bäcker aus Düsseldorf, geht man morgens, mittags und abends.
Tel. 9 65-04 86
Untere Preisklasse (keine Kreditkarten

Service 🛈

Jamaica Tourist Board
Black River, Hendriks Building
Tel. 9 65-20 74

Ziele in der Umgebung

Black River Safari D 4

Der große Sumpf mit den vielen Vögeln und einigen Dutzend Krokodilen liegt nur eine halbe Fahrstunde entfernt. Boote warten unter der Brücke in Black River. Eine 1 1/2 stündige Flußtour inklusive Abschiedsdrink kostet 15 US$ (St. Elisabeth Safari, Tel. 9 65-22 29). In dem Kolonialgebäude beim Anleger versteckt sich nicht nur das Jamaica Tourist Board, sondern auch der Pastry Palace mit feinem Gebäck. Im Ashton Great House kann man essen und wohnen.
P.O. Box 104, Luana, Black River
Tel. und Fax 9 65-20 36
Mittlere Preisklasse (AE, EC, Visa)

Y.S. Falls und Bamboo Avenue ▪ C 4
→ S. 78

Lover's Leap, Alligator Point, Milk River Bath
→ S. 108 ▪ D 5/E 5/F 5

Mit dem Auto

Von Montego Bay gen Süden zu den »Maroons«

Ein tiefer Blick in die Geschichte und in bizarre Natur gleichermaßen. In die schwerdurchdringliche Kalksteinlandschaft flüchteten im 18. Jahrhundert die Sklaven vor ihren Häschern.

Diese Route säumen viele Bananenplantagen, und das grüne Hinterland ist Schlupfwinkel endemischer Vogelarten.

Für diese anspruchsvolle Strecke von Montego Bay über Maroon Town, Maggotty, Bamboo Avenue, Middle Quarters zurück nach Montego Bay benötigen Sie den ganzen Tag. Sie geht durch Hügel- und Berglandschaft und entlang des Cockpit Country und ist nur zu schaffen, wenn Sie die Stopps kurz halten.

Sie verlassen **Montego Bay** am südlichen Ende, bevor Sie den Montego Bay River überqueren, und fahren gen Osten nach Sign, biegen dort in eine schmale Straße nach rechts ab. Das erste Dorf heißt **Guilsbro**. Weiter geradeaus führt die Straße in zahlreichen Windungen durch mehrere kleine Siedlungen nach **Point**. Dort biegen Sie nach links ab und landen nach ungefähr sieben Kilometern in Maroon Town am Rande des Cockpit Country.

Maroon Town ist heute eine kleine Gemeinde von verstreuten Höfen.

Kegelförmige, relativ flache Hügel sind kennzeichnend für die Ausläufer des Cockpit Country.

Diese Landschaft besteht aus einem Kalksteinplateau mit eng zusammenstehenden grünen Kegeln, die wie Maulwurfshügel aussehen. Eine undurchdringliche Region, in die sich entlaufene und freigelassene Sklaven (maroon, aus dem spanischen cimarron = verwildert entstanden) geflüchtet hatten und von hier aus zur Rebellion gegen die Spanier und später gegen die Briten aufriefen.

Von Maroon Town blieb nur der Name, die Einwohner des Dorfes sind keine Nachfahren dieser Sklaven.

MIT DEM AUTO

Besuch im Maroon-Dorf

Die Tour geht weiter gen Süden über Flamstead, Elderslie nach Jointwood. Dort machen Sie einen Abstecher nach links nach **Accompong**, zum wichtigsten Maroon-Dorf. Die Einwohner nennen es »the nation within a nation«, deshalb liegt ein Schlagbaum über der Straße. Normalerweise ist er geöffnet. Sprechen Sie nach Möglichkeit zuerst bei Colonel Martin Luther Wright vor, dem gewählten »Bürgermeister« des Dorfes. Er erzählt über Vergangenheit und Lebensstil der heutigen Maroons und führt Sie zu den Sehenswürdigkeiten, die für Touristen zugänglich sind. Vergessen Sie nicht, eine kleine Spende zu hinterlassen.

Auf dem Bergkamm nahe Flamstead verbringt Ex-Premier Michael Manley seinen Ruhestand.

Accompong wurde von Cudjoe's Bruder gegründet und nach ihm benannt.

Abstecher zu den Wasserfällen

Der nächste Stopp weiter im Süden ist **Maggotty** im Zentrum der Appleton-Zuckerplantagen. Von hier aus können Sie Wanderungen durch die Black River-Schlucht mit ihren 27 Wasserfällen unternehmen. Vorausgesetzt, Sie bleiben über Nacht (zum Beispiel im Apple Valley Guesthouse) und organisieren sich einen Führer.

Alternativ können Sie über die B6 zu den **Y.S. Falls** fahren (→ S. 78). Hier kann man herrlich baden. Verlieren Sie aber beim Planschen nicht den

Die vielen Wasserfälle dienen neben der Erholung auch der Energiegewinnung.

Mit 92 000 Einwohnern ist das quirlige Montego Bay die zweitgrößte Stadt der Insel (→S. 38).

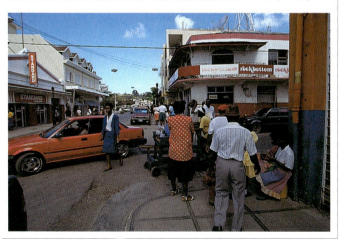

MIT DEM AUTO

Zeitplan aus den Augen. Auf der B6 zurück nach Montego Bay sind Sie schließlich noch etwa zwei Stunden unterwegs.

Scharfe Kost am Straßenrand

Über fünf Kilometer fahren Sie überspannt von Bambus wie in einem schattigen Tunnel.

Alternativ geht's weiter gen Süden Richtung Middle Quarters. Kurz vorher zweigt eine Straße links in die **Bamboo Avenue** ab, eine der berühmtesten Straßen Jamaikas, wo die hohen Bambuswedel beiderseits der Straße eine Art grünen Tunnel formen. An der Straße nach **Middle Quarters** stehen für gewöhnlich Frauen und halten den Autofahrern dicke rote Garnelen im Plastikbeutel oder am Spieß entgegen. Sie schmecken lecker, sind aber höllisch scharf. Einige Kurven später geht's rechts in die B7, die Sie zurück nach Montego Bay bringt. Falls Sie gegen 15.30 Uhr durch Anchovy kommen, sollten Sie noch einen kurzen Abstecher zur **Rocklands Feeding Station** machen (→ S. 47).

Kosten Sie ruhig einmal die am Wegesrand angebotenen »pepper shrimps«.

Einen Teil dieser Tour können Sie auch organisiert per Mini-Bus unternehmen. Auskunft und Buchung : Visit Maroon Country, Montego Bay, Tel. 9 79-03 08.

Cocktails, Sonne und Partystimmung – im Touristenmekka Montego Bay ist immer was los.

Dauer: Tagesausflug
Karte: → Klappe vorne

MIT DEM AUTO

Auf der Nord-Süd-Achse von Ocho Rios nach Kingston

Ein Ausflug in die frühe Geschichte der Insel: zu den letzten Relikten der Arawaks und in die erste Hauptstadt.

Die Straßen dieser Tour, die von Ocho Rios über Spanish Town, Kingston und Annotto Bay wieder an ihren Ausgangspunkt zurückführt, sind durchweg gut ausgebaut. Trotzdem sollte man wegen der Besichtigungspausen in Spanish Town und Kingston und des zeitraubenden Rückweges über die **Blue Mountains** bei Sonnenaufgang abfahren, um vor der Dunkelheit zurückzukehren. Besser ist natürlich eine Übernachtung in der Hauptstadt.

Wer hungrig ist, hält am Mount Diablo bei Faith's Pen und probiert gegrillte Maiskolben oder geröstete Süßkartoffeln.

Hinter Ocho Rios auf der A3 fährt man durch den Fern Gully nach Moneague. Danach führt die Straße in vielen Windungen am Hang des 1800 Meter hohen **Mount Diablo** entlang und wieder

Auf Jamaika tummeln sich die unterschiedlichsten Rinderrassen.

hinunter nach Ewarton. In der Nähe wurden Überreste von Siedlungen der Arawaks gefunden. Das Städtchen lebte recht gut von den Bauxitminen. Die Rohstoffe wurden per Seilbahn herangeschafft und verarbeitet. Wenn Sie viel Zeit haben, lohnt ein Abstecher gen Westen nach **Lluidas Vale**, einem zauberhaften Ort inmitten der Berge mit der 300 Jahre alten Zuckerrohrplantage Worthy Park Estate.

Höhlenmalereien der Arawaks

Die Arawak-Höhlenmalereien in der Mountain River Cave sind 500 bis 1300 Jahre alt.

Folgen Sie der schmalen, kurvigen Straße weiter nach Süden über Watermount und Back Pasture, so kommen Sie in das Guanaboa Vale. Schilder zeigen den Weg zum **Mountain River Cave**. Dort läßt man das Auto stehen und klettert mit einem Führer über schlechte Wege durch ein Bachbett zu den Höhlenmalereien der Arawaks. Von Guanaboa Vale kommt man, wenn man sich zweimal links hält, nach Spanish Town. Von Ewarton aus auf der A1 durchqueren Sie zunächst **Linstead**, ein recht hübscher Marktflecken, dann **Bog Walk**, eine der ältesten Siedlungen Jamaikas. Die nächste Strecke bis Flat Bridge gehört zu den schönsten, da sie unter grünen Hügeln direkt neben dem Rio Cobre entlangführt. Die Brücke in **Flat Bridge** stammt noch aus spanischer Zeit. Die A 1 führt weiter nach Spanish Town.

Nach starkem Regen ist die Straße am Rio Cobre bis Flat Bridge gesperrt.

Spanish Town

An der Mündung des Rio Cobre lag der Seehafen der einstigen Hauptstadt Spanish Town.

Aus Desinteresse seitens der spanischen Krone hatte die Stadt nie mehr als ein paar hundert Einwohner. Die Briten zerstörten Spanish Town 1655 und bauten die Stadt dann wieder auf. Für die nächsten 200 Jahre blieb sie Hauptstadt, die meisten Gebäude im georgianischen Stil stammen aus dem 19. Jahrhundert.

Zentrum ist der **Spanish Town Square**. Um ihn herum gruppieren sich das Gerichtshaus (1819) im Süden, welches heutzutage gleichzeitig als Rathaus fungiert; das Alte Versammlungshaus (1762) im Osten und die Reste des Königshauses (1802) im Westen, in dessen ehemaligen

Ställen das Jamaica's People's Craft & Technology Museum untergebracht ist. Am nördlichen Ende steht das Rodney Memorial (Ende 18. Jahrhundert) zu Ehren von Admiral George Rodney, der Jamaika vor französischer Besetzung nach Englands Niederlage im amerikanischen Unabhängigkeitskrieg bewahrte.

Ein Abstecher bringt Sie von Spanish Town nach White Marl ins Arawak-Museum und – in unmittelbarer Nähe zu den Überresten einer Arawak-Siedlung – weiter nach **Kingston**.

Historische Führungen durch Spanish Town beginnen an der Casa de la Vega. Tel. 9 84-96 84.

Stony Hill

Sie verlassen die Hauptstadt im Norden auf der A3 Richtung Castleton. Die Straße windet sich zunächst hinauf auf den Stony Hill. Ein kurzer Abstecher in die Gibson Road hinter dem Stony Hill Hotel gewährt ein großartiges Panorama auf die Stadt und einige höchst feudale Villen. Anschließend werden Weg und Kurven immer enger. In **Castleton** sollten Sie den gleichnamigen Gärten einen Besuch abstatten. Sie bestehen seit 1862. Entlang des Wag Rivers kurven Sie weiter zur **Annotto Bay** und auf der A3 zurück nach Ocho Rios.

Castleton Gardens sind täglich geöffnet und zeigen exotische Flora in Hülle und Fülle.

Wegen zahlreicher Tagesgäste von Kreuzfahrtschiffen entwickelte sich Ocho Rios nicht nur für Souvenirjäger zum Shoppingparadies Jamaikas.

Dauer: 1–2 Tage
Karte: → Klappe vorne

MIT DEM AUTO

Tour nach Osten

Unzählige Kurven, pralle Natur und herrliche Panoramen sorgen für langsame Fahrweise und viel Genuß.

Mit ausreichend Zeit können Sie auf dieser Tour reichlich Natur und Inselgeschichte erleben.

Im Prinzip läßt sich auch diese Tour von Port Antonio über Morant Bay, Kingston, Newcastle, Buff Bay zurück nach Port Antonio an einem Tag bewältigen. Besser man nimmt sich zwei Tage Zeit und übernachtet in Kingston. Die Küstenstrecke bis Manchioneal zählt mit den Stränden zur Linken und zum Teil undurchdringlichem Regenwald zur Rechten zu den spektakulärsten, die Jamaika zu bieten hat.

Man verläßt **Port Antonio** auf der A4 nach Osten, fährt an der Küste durch eine zerklüftete, teilweise bizarre Landschaft und legt zur Erfrischung den ersten Stopp bei den **Reach Falls** ein. Einige Windungen hinter Manchioneal liegt auf einem Hügel die Happy Grove School. Sie wurde von Quäkern 1898 für die Kinder indischer Zuckerrohrarbeiter gegründet.

Ab hier wird das Land trockener, unfruchtbarer und zum östlichen Zipfel hin eben. Große Zuckerrohrfelder und Palmenplantagen säumen den weiteren Weg.

Der Leuchtturm am Morant Point

Der Weg zum Leuchtturm ist unberechenbar und teilweise sumpfig.

Ein zeitraubender Abstecher zum **Morant Point Lighthouse** bietet sich bei Golden Grove an, benannt nach dem Ingenieur George Grove, Autor von »Grove's Dictionary of Music and Musicians«. Der 30 Meter hohe Leuchtturm aus Gußeisen wurde 1841 errichtet und wird vom »Jamaica National Trust« als historisches Monument gelistet.

Alternativ kann man vor Golden Grove in Hordley die kleine Straße nach **Bath** nehmen. Der Kurort mit seinen Mineralquellen gegen Rheuma und Hautkrankheiten hat seine Blütezeit längst hinter sich.

Sklavenfund

Der Legende nach soll ein Sklave auf der Flucht 1609 in die heißen Quellen gestolpert sein, in denen er dann seine Wunden kurierte. 1699 wurde das Land an die Regierung verkauft, und der Ruhm des heilkräftigen Wassers fand besonders unter den Engländern zahlreiche offene Ohren. Sie kamen in Scharen, um sich von allen möglichen und unmöglichen Leiden zu erholen.

In der Ortsmitte, gegenüber vom Botanischen Garten, nach rechts, und die kurvige Straße führt Sie hinauf zu den Quellen.

1747 wurden die Badehäuser um die Quellen errichtet, und das Dorf entwickelte sich zu einem kulturellen Treffpunkt der britischen Elite. Politische Reibereien setzten dem Ganzen alsbald ein Ende. Trotzdem kann man hier noch immer ins warme Naß hüpfen. Für die innere Stärkung soll eine Tasse heiße Ziegenkopfsuppe im kleinen Coffeeshop sorgen.

Gärten und Ruinen

Sehr reizvoll aber ist der Botanische Garten, der 1779 angelegt wurde. Von Bath aus kommen Sie über Airy Castle bei Port Morant zurück auf die A4.

Die Ruinen des ältesten Hauses der Insel finden Sie hinter Golden Grove in **Stokes Hall**. Im Jahre 1656 brachte der Gouverneur Luke Stokes

Frauen bei der Wäsche in Manchioneal.

Mit dem Auto

Mit meterdicken Mauern und Schießscharten glich Stokes Hall mehr einer Festung als einem Wohnhaus.

Siedler ins Land, von denen jedoch zwei Drittel samt Stokes Familie durch die ungesunde Arbeit in den Sümpfen starben. Es überlebten drei seiner minderjährigen Söhne, von denen einer das Haus gebaut haben soll. In Port Morant sind die Reste des Fort Lindsays zu sehen.

Vergangenheit mit Schrecken

Morant Bays unrühmliche Vergangenheit geht auf das Jahr 1865 zurück, als zwischen den in bitterer Armut lebenden Schwarzen und den Repräsentanten der Regierung Krieg ausbrach, in dem die Freiheitskämpfer Paul Bogle und George William Gordon zusammen mit Hunderten von Gleichgesinnten hingerichtet wurden. Die Statue of Bogle vor dem Gerichtsgebäude ist ein Werk Edna Manleys. Das Courthouse ist allerdings nur eine Nachbildung des Originals, das bei dem Aufstand zerstört wurde.

Edna Manley ist Jamaikas berühmteste Bildhauerin.

Die restliche Strecke bis **Kingston** ist wenig spektakulär, ohne Highlights, sieht man von der Bustamente-Brücke, der längsten Jamaikas, über den Morant River ab.

Newcastle war bislang Armeetrainingslager, und der Tourismus etabliert sich erst langsam.

Zur Rückfahrt verlassen Sie Kingston auf der Gordon Road am nördlichen Ende der Stadt, kurven über Serpentinen bis **Newcastle** hoch und genießen von dort den Blick auf die weite Kingston Bay, wenn Sie nicht schon an dieser Stelle im Nebel stecken. Doch für gewöhnlich umwallen die Dunstschwaden erst ein Stückchen höher Berge, Wälder und Kaffeeplantagen.

Riesige Kaffeeplantagen – doch nur die Bohnen aus einer genau festgelegten Region dürfen den Namen Blue Mountain Coffee tragen.

Blue Mountain Coffee

Bereits 1728 kam die Kaffeebohne nach Jamaika. Sir Nicholas Lawes brachte Setzlinge aus Hispaniola mit und baute sie sehr erfolgreich an. Als 70 Jahre später in Haiti eine Revolution ausbrach, flüchteten zahlreiche Kaffeebauern ins politisch gemäßigte Klima Jamaikas und verhalfen dem belebenden Produkt zu neuer Blüte.

Die Konkurrenz

Im letzten Jahrhundert litten Anbau und Export unter der starken Konkurrenz Brasiliens und Kolumbiens. Hundert Jahre später, in den fünfziger Jahren, blieben ganze drei Verarbeitungswerke übrig. Doch inzwischen ist das durch Regierungserlasse geregelte Qualitätsprodukt in der ganzen Welt unter elitären Kaffeetrinkern höchst beliebt.

Der Kaffeeanbau ist fast ausschließlich für den Export bestimmt.

Besondere Kaffeebohnen

Per Gesetz dürfen nur vier jamaikanische Kaffeefirmen den Namen Blue Mountain Coffee tragen: Mavis Banks, Silver Hill, Moy Hall und Wallenford. Ihre Bohnen wachsen innerhalb einer genau definierten Region unterhalb des gleichnamigen Berges. Der kühle Gebirgsnebel zusammen mit dem mineralienreichen Boden produzieren Bohnen, die ein körperreiches, sehr dunkles und leicht nach Holz schmeckendes Getränk ergeben. Der restliche, qualitätsmäßig mindere Kaffee wird unter dem Namen High Mountain bzw. Low Land Coffee verkauft.

28 malerische, kurvige Kilometer führen hinab zur Küste. Viele Touristen sind hier per Rad unterwegs.

Die Paßstraße ist die am höchsten gelegene Straße Jamaikas, 1300 Meter hoch, Heimat von zahlreichen Nadelbäumen und Hunderten von Farnarten. Über viele Kurven und durch kleine Dörfer führt die Straße bei Buff Bay zurück an die Küste, wo Sie rechts entlang der Küste über die A4 zurück nach Port Antonio kommen.

Dauer: 1–2 Tage
Karte: → Klappe vorne

MIT DEM AUTO

ROUTEN UND TOUREN

Von Negril südwärts

Vorsicht bei Abkürzungen: Zwischen Treasure Beach und der A 2 kann man im Trockenbusch leicht die Orientierung verlieren. Die Wege sind nicht ausgeschildert.

Die Fahrt durch riesige Zuckerrohrfelder bis nach Savanna-la-Mar macht die wirtschaftliche Bedeutung des Zuckers für Jamaika bewußt.

Die Straßen sind auf dem größten Teil der Strecke Negril, Savanna-la-Mar, Black River, Lover's Leap, Mandeville durch den Südwesten Jamaikas gut ausgebaut. Nonstop gefahren reicht ein guter halber Tag, aber das ist nicht Sinn des Ausflugs. Man kann diese Tour teilweise auch von Montego Bay aus unternehmen, wenn man über die B8 in südlicher Richtung bis Ferris Cross fährt, wo sie auf die A2 stößt.

Die Fischereibehörde ist gegen die drohende Überfischung der Bestände von Trompetenschnecke und Hummer machtlos.

Bis **Savanna-la-Mar** geht's durch leichtes Hügelgelände entlang der Negril Hills. Noch vor dem Ort beginnt die A2, die der Küste folgt. In **Bluefields Bay**, einer weitgeschwungenen Bucht mit Strand und türkisfarbenem Wasser, soll Henry Morgan losgesegelt sein, um Panama zu erobern. Hier lohnt sich ein Stopp zum Baden und anschließendem Drink oder Snack im Love Boat. Etwa acht Kilometer weiter kommt man nach **Auchindown**. Interessant ist hier die gleichnamige Farm, auf der Chili angebaut wird, und eine Burgruine. **Whitehouse** ist ein typisches Fischerdorf, in dem Sie zwar früh morgens den frischen Fang am Strand für wenig Geld kaufen können, aber bis zur Rückkehr am Abend dürften strenge Gerüche durchs Auto ziehen.

Einst ein turbulenter Hafen

Das Sumpfgebiet von Black River soll bald den Status eines Nationalparks erhalten.

Black River, heute ein charmantes, verschlafenes Städtchen, war vor hundert Jahren ein turbulenter Hafen. Aus dieser Zeit und den nächsten Dekaden stammt noch eine Handvoll schöner Häuser. Die Parish Church of St. John the Evangelist, 1837 gebaut, ist das älteste Gotteshaus am Platze. Black

MIT DEM AUTO

River hat seinen Namen vom gleichnamigen Fluß, dessen Wasser das Sumpfgebiet nordöstlich der Stadt durchzieht. Im »great morass« leben die letzten Krokodile Jamaikas.

Zwischen Meer und Santa Cruz Mountains führt der Weg durch Trockenbusch und Kakteenlandschaft nach Lover's Leap. Vorher noch lohnt sich ein Abstecher nach **Treasure Beach,** einem klitzekleinen Ort mit herrlichem Strand, der neuerdings in ist. Höchst imposant zeigt sich die Landschaft bei **Lover's Leap,** wo die Berge 500 Meter tiefer über Klippen ins Meer fallen. Laut Legende sprang ein sich liebendes Sklavenpaar von hier in den Tod, nachdem ihre Herren ihnen verboten hatten, sich zu treffen. Die blauäugigen Schwarzen mit den hellen Haaren, die man in dieser Gegend öfters sieht, sollen Nachfahren von schottischen Seeleuten sein, deren Schiff an dieser Küste gestrandet ist. Andere munkeln, sie stammen von Deutschen ab.

Treasure Beach ist eine verstreute Ansammlung von Gästehäusern und kleinen Hotels.

In weitem Bogen nach Norden stößt die Straße bei **Gutters** wieder auf die A2. Biegen Sie nach rechts und schrauben sich in engen Haarnadelkurven nach oben über Spur Tree Hill nach Mandeville. In den Biegungen stehen Cookshops und Buden, in denen man sich mit frischen Kokosnüssen und allerlei einheimischen Snacks stärken kann. Vom Rande des Parkplatzes der

Köstlich: der Saft einer frisch aufgeschlagenen grünen Kokosnuß.

Mit dem Auto

Neben Aluminium kommt aus Mandeville auch die »Pickapeppa Sauce«, die nach Geheimrezept abgefüllt wird.

»Aluminium Partner of Jamaica« (Alpart) am Ende eines Steilhangs, kurz vor der Stadt, bietet sich ein großartiger Blick über die Hügel und Sümpfe der Provinz **St. Elizabeth**.

Man fährt am Kreisel entweder rechts direkt ins Zentrum der hübschen Stadt mit ihren georgianischen Baudenkmälern oder nimmt erstmal den Winston Jones Highway, der am safranroten Bauxitsee inmitten knallgrüner Landschaften vorbeiführt.

In **Mandeville** läßt man am besten den Wagen in der Nähe des Marktes stehen und klappert die Sehenswürdigkeiten zu Fuß ab. Das Courthouse, The Refectory, die Parish Church und das Mandeville Jail and Workhouse stammen aus den zwanziger Jahren des letzten Jahrhunderts.

Reichlich Pflanzen und Vögel

Vom Winston Jones Highway führt ein ausgeschilderter Weg zum **Marshall's Pen Great House**, eine 150-Hektar-Anlage mit Spazierpfaden entlang einheimischer Pflanzen. Das Herrenhaus ist etwa 200 Jahre alt. Der Besitzer, Mr. Sutton, arrangiert gern Übernachtungen bzw. stellt einen Platz für's Zelt zur Verfügung. Pferde sind für interessante Ausritte auch vorhanden (Anmeldung unter 9 62-22 60).

Gewöhnungsbedürftig: Auf Jamaikas Straßen herrschen andere Gesetze ...

MIT DEM AUTO

Umweg über das Thermalbad von Milk River

Anstatt von Lover's Leap direkt nach Mandeville zu fahren, kann man auch einen Umweg über Alligator Pond an der Long Bay entlang nach **Milk River Bath** machen. Der Weg durch hohes Gestrüpp und Feuchtgebiete ist allerdings schlecht. Das Thermalbad, 1794 eröffnet, besitzt die höchste Radioaktivität aller Kurbäder der Welt. Das Wasser stammt aus einer Salinenmineralquelle. Im ca. 35 Grad warmen Naß darf man nur 15 Minuten planschen. Es soll – so sagt man – gegen Nervenleiden, Hauterkrankungen und Rheumatismus helfen. Auf der B12, dann A2, geht's im Bogen nach Mandeville.

Der lohnende Abstecher zur Mineralquelle von Milk River bedeutet 60 Tageskilometer mehr.

Von dort aus zurück über Santa Cruz durch die Bamboo Avenue nach Middle Quarters. Ist es schon spät, empfiehlt sich die A2 für den Rest des Weges. Ansonsten die schönere B7 bis Woodstock, dort links nach Whithorn, dort wieder links auf die B8 über Ferris Cross oder Amity Cross nach Negril.

Hinter jeder Kurve ein neuer Blick. Eine Fahrt durch die Berge ist auch Sonnenanbetern und Strandurlaubern zu empfehlen.

Dauer: halber Tag oder Tagesausflug, je nach Stopp
Karte: → Klappe vorne

JAMAIKA VON A–Z

Auskunft

Jamaica Tourist Board (JTB)
In Deutschland:
Postfach 900437
60444 Frankfurt
Tel. 0 61 84/99 00 44, Fax 99 00 46

Auf Jamaika: b 2, S. 82
Hauptbüro
2 St. Lucia Avenue
P.O. Box 360
Kingston 5
Tel. 9 29-92 00/19, Fax 9 29-93 75

Montego Bay   a 1, S. 39
Cornwall Beach
Ocean Village
Tel. 9 52-44 25

Ochos Rios   a 2, S. 55
Shopping Center
Tel. 9 74-25 82

Port Antonio   a 2, S. 65
City Centre
Tel. 9 93-30 51

Negril   A 3
20 Plaza de Negril
Tel. 9 57-42 43

Über die Insel verteilt informieren auch die **Jamaica Traveller Information (JTI)-Zentren** in den Shell-Tankstellen, ebenso verschiedene Kioske in Ochos Rios, Montego Bay und Negril.

Bevölkerung

»Out of many, one people« heißt der Nationalslogan der 2,6 Millionen Jamaikaner. Das soll heißen, daß ihre Vorfahren aus vielen Teilen der Welt stammen, überwiegend aus Afrika, aber auch aus Europa, Arabien, China und Indien. Etwa 90% der Bevölkerung sind schwarz, der Rest ist braunhäutig in verschiedenen Tönen, nur ca. 0,2% weiß. Die meisten Jamaikaner sind Christen. Religion spielt eine bedeutende Rolle.

Camping

Auf manchen Privatgrundstücken, z.B. dem Sonrise Beach Retreat (→ S. 56) und dem Little Shaw Rark Guest House (→ S. 51), bzw. auf Wandertouren darf man zelten, offizielle Campingplätze gibt's keine.

Auskünfte darüber erteilt die
**Sense Adventures Tourism,
Camping & Hiking Association**
P.O. Box 216
Kingston 7
Tel. 9 27-20 97

Diplomatische Vertretungen

Alle in Kingston:
**Botschaft der Bundesrepublik
Deutschland**   a 1, S. 82
10 Waterloo Road
Tel. 9 26-67 28

Honorarkonsulat von Österreich
  b 1, S. 82
2 Ardenne Road
Tel. 9 26-36 36

Honorarkonsulat der Schweiz
  b 6, S. 82
111 Harbour Street
Tel. 9 22-33 47

Drogen

Jamaika gilt zwar als Drogenanbau und -umschlagplatz, es wird auch jede Menge Marihuana (Spliff) geraucht, trotzdem sind sie illegal. Was bei den Insulanern offensichtlich akzeptiert wird, gilt freilich noch lange nicht für Touristen. Man sollte also höchst vorsichtig damit umgehen und nicht auf die Idee kommen, das preiswerte Gras mit nach Hause zu nehmen. Häufig wird bei der Ausreise das Gepäck kontrolliert. Wer erwischt wird, landet im Gefängnis.

Feiertage

1. Januar	Aschermittwoch
	Karfreitag
	Ostermontag
23. Mai	Labour Day
1. Montag im August	Independence Day
3. Montag im Oktober	Heldengedenktag
25./26. Dezember	Weihnachten

Außer am Karfreitag finden an allen Feiertagen Festivitäten statt wie Reggae-Partys, Bälle, Sportveranstaltungen und ähnliche feuchtfröhliche Feste.

Fernsehen

Die inseleigene Jamaica Broadcasting strahlt verschiedene Sender aus. In den Hotels bekommt man meist auch CNN oder andere amerikanische Programme.

Fun pur: die Dunn's River Falls (→ S. 56).

FKK

Nacktbaden ist an den öffentlichen Stränden verboten, »topless« an den Touristenstränden höchstens geduldet, aber sehr verpönt. Einige Club-Hotels allerdings, zum Beispiel Hedonism II in Negril, verfügen über Strandabschnitte oder vorgelagerte Eilande für Freunde der Freikörperkultur.

Fotografieren

Ein etwas heikles Thema, wenn es um die Ablichtung von Einwohnern geht. Insbesondere entlang der viel von Touristen besuchten Küstenabschnitte können die Leute entweder sehr aggressiv reagieren oder sehr eindringlich nach Dollars fragen. Im Inselinneren andererseits lassen sich die Leute sehr gern fotografieren, besonders am Sonntag, wenn sie ihre Feiertagskleider tragen. Auf jeden Fall sollte man unbedingt vorher um Erlaubnis fragen. Schöne Landschaftsmotive gibt's allemal reichlich. Es ist günstiger, Filmmaterial von zu Hause mitzubringen.

JAMAIKA VON A–Z

WICHTIGE INFORMATIONEN

Geld

Jamaikas Währung ist der **Jamaica Dollar**, kurz J$, der zur Zeit einer hohen Inflationsrate unterliegt. Banken, Hotels und »Money Changer« wechseln alle geläufigen festen Währungen, aber am besten geht's zur Zeit mit US-Dollar. Die Preise in den touristischen Regionen werden häufig in US-Dollar angegeben, weil er weniger schwankt als der J$. Am besten fragt man vorab, von welchem Dollar die Rede ist. Kreditkarten werden in fast allen größeren Hotels, Restaurants und Touristenläden akzeptiert, aber wer in den Shops handeln will, zahlt besser bar. Kreditkartenrechnungen sind auf US$-Basis.

Internet

Wie ist das aktuelle Wetter? Wo wird was geboten? Aktuelle Ergänzungen zum Reiseführer bietet das Jamaican Tourist Board auf seiner offiziellen englischsprachigen Website unter www.jamaicatravel.com als einen guten Startpunkt mit vielen Links.

Kleidung

Leichte Sommerkleidung ist das ganze Jahr über ausreichend. In klimatisierten Lokalen oder in den Bergen tut ein Pullover gute Dienste. Während Urlauber in Negril mit legeren Klamotten auskommen, sollten diejenigen, die in Nobelhotels absteigen oder fein essen gehen wollen, elegantere Kleidung einpacken. In manchen Restaurants herrscht für Männer ganz nach britischer Tradition Sakkozwang. Je freizügiger Frauen herumlaufen, desto eher müssen sie sich auf Anmache seitens der Jamaikaner gefaßt machen. Badekleidung sollte man nur am Strand, nicht aber in der Stadt tragen. Wer's trotzdem tut, darf sich nicht wundern, wenn sich die Einheimischen nicht unbedingt respektvoll verhalten.

Wechselkurse

JA	D	CH	A
Us$	Mark	Franken	Schilling
0,5	0,92	0,77	6,46
1	1,85	1,54	12,93
2	3,69	3,08	25,85
5	9,23	7,69	64,63
10	18,50	15,40	129,30
20	36,90	30,80	258,50
30	55,40	46,20	387,80
50	92,30	76,90	646,30
100	184,70	153,90	1292,50
250	461,60	384,70	3231,30
500	923,20	769,40	6462,70
750	1384,90	1154,00	9694,00
1000	1846,50	1538,70	12925,30

Nebenkosten
(umgerechnet in DM)

- 1 Tasse Kaffee 3,00
- 1 Bier 5,00
- 1 Cola 3,50
- 1 Brot (ca. 500g) 4,00
- 1 Schachtel Zigaretten 5,00–8,00
- 1 Liter Benzin 1,10
- Fahrt mit öffentl. Verkehrsmitteln (200 km) 8,00–24,00
- Mietwagen/Tag ...... ab 135,00

Medizinische Vorsorge

Bei leichten Krankheitsfällen fragen Sie erst einmal an der Rezeption um Rat. In größeren Hotels steht meist eine Krankenschwester bereit bzw. kann ein Arzt organisiert werden. In allen großen Gemeinden gibt es ambulante Behandlungsstellen, in den größeren Städten medizinische Versorgungszentren. Spezialkrankenhäuser finden Sie in Montego Bay und in Kingston. Für den Kauf von Medikamenten brauchen sie ein Rezept.

Notruf

Wer in Schwierigkeiten steckt, verständigt am besten zuerst sein Hotel oder das Tourist Office. Von dort aus kann man Ihnen am ehesten weiterhelfen.
Rufnummern für den Notfall:
Luft-Seerettung/Polizei Tel. 119
Notarzt/Feuerwehr Tel. 110

Politik

Jamaikas Vielparteien-System basiert auf dem Großbritanniens und ist in der Verfassung garantiert, aber es gibt nur zwei große Parteien, die **Jamaica Labour Party** (JLP) und die **People's National Party** (PNP). Zur Zeit regiert die PNP unter Percival James Patterson, der nach einem frühzeitigen Rücktritt des langjährigen Premierministers Michael Manley (aus gesundheitlichen Gründen) am 30. März 1992 vereidigt wurde.

Jamaikas Politik scheint sich zur Zeit notwendigerweise und hauptsächlich damit zu beschäftigen, private und staatliche Investitionen zu verknüpfen, um die Wirtschaft am Laufen zu halten. Besonders der Tourismus für höhere Ansprüche soll Arbeitsplätze schaffen und harte Währung ins Land bringen.

Post

Briefmarken erhalten Sie an der Hotelrezeption, die auch Ihre Post entgegennimmt, oft auch in den Läden, die Postkarten verkaufen.

Reisedokumente

Für die Einreise benötigen Sie einen Reisepaß. Es kommt vor, daß am Immigrationsschalter nach dem Rückflugticket gefragt wird.

Reisezeit

Im Winterhalbjahr liegen die Temperaturen zwischen 25 und 30 Grad Celsius, in Kingston etwas höher. Häufig weht eine leichte Brise, die das Klima gut verträglich macht. Im Oktober/November bzw. Mai/Juni ist die Regenwahrscheinlichkeit recht hoch, allerdings kommen meist nur kurze Schauer herunter. Mehrere Regentage hintereinander sind äußerst selten. Hurrikane können zwischen August und Oktober auftreten, allerdings wird rechtzeitig vorgewarnt. Der Jahrhundertsturm »Mitch« brachte im Oktober 1998 lediglich starke Regenfälle.

Rundfunk

Radiosender gibt es verschiedene, zum Beispiel JBC, Radio Jamaica, FAME, IRIE, Radio Waves und KLAS.

Sprache

Die offizielle Landessprache ist Englisch. Gesprochen freilich wird ein inseleigenes, für uns unverständliches, sehr fröhliches **Patois**. Eine höchst rhythmische Sprache, die sich aus manch verballhornten britischen, gemischt mit afrikanischen Ausdrücken und jeder Menge Eigenkreationen, zusammensetzt.

Jamaika von A–Z

Stromspannung

Manchmal 110, manchmal 220 Volt. Vorsichtshalber einen Adapter mitbringen und einen Mehrzwecksteker.

Telefon

Das Telefonieren vom Hotel aus ist wie überall in der Welt teuer, bedeutend preiswerter geht's, falls vorhanden, mit Handy oder T-Card. Man kann aber auch bei der Post Telefonkarten kaufen und die entsprechenden öffentlichen Apparate für In- und Auslandsgespräche benutzen. Bei Telefonaten außerhalb des eigenen Ortsnetzes auf Jamaika muß man eine 0 vorwählen.
Vorwahlen:
D, A, CH → Jamaika 00 18 76
Jamaika → D 00 49
Jamaika → A 00 43
Jamaika → CH 00 41

Telefonservice

Auskunft	114
Vermittlung	112
Auslandsvermittlung	113
Störungsannahme	115
Uhrzeit	117
Wetterauskunft	9 26-41 92
Flug-Info (Montego Bay)	9 52-55 30

Tiere

Wegen langwieriger Quarantäne-Formalitäten lassen Sie besser Ihren Liebling daheim.

Trinkgeld

Die meisten Hotels und Restaurants schlagen 10 % Service Charge auf die Rechnung. Falls nicht, hinterlassen Sie dem Kellner 10 bis 15 % Trinkgeld. Zimmermädchen bekommen 1–2 (US-)Dollar pro Tag und Person, Gepäckträger im Flughafen

Die genauen Klimadaten von **Kingston**

	Januar	Februar	März	April	Mai	Juni	Juli	August	September	Oktober	November	Dezember
Tag Temp. in °C	30,0	30,0	30,0	30,5	30,5	31,5	32,0	32,0	31,5	31,0	30,5	30,5
Nacht Durchschnittl.	19,5	19,5	20,0	21,0	22,0	23,5	23,0	23,0	23,0	23,0	21,5	20,5
Sonnenstunden pro Tag	8,3	8,8	8,7	8,7	8,3	7,8	8,5	8,5	7,6	7,3	8,3	7,7
Regentage	3	3	2	3	4	5	4	7	6	9	5	4
Wassertemp. in °C	25	25	25	26	27	27	28	28	28	28	27	27

Quelle: Deutscher Wetterdienst, Offenbach

bzw. in Hotels mindestens einen Dollar, für jedes weitere Gepäckstück 50 Cents. Taxifahrer erwarten 10 % Trinkgeld. Besonders in den touristischen Regionen werden Sie ständig mit der Frage nach Dollar konfrontiert, auch wenn keine Serviceleistung erfolgte. Am besten wiegelt man solche Forderungen mit einem lockeren, fröhlichen Spruch ab. Falls Sie einen einheimischen Burschen im Auto mitnehmen – die Bitte um einen »lift« kommt fast mit Sicherheit beim Parken oder Tanken –, kann es passieren, daß er hinterher Geld fordert. Auch in diesem Fall sollten Sie eine passende Antwort parat haben.

Wirtschaft

Jamaika, ökonomisch betrachtet einst ein hellfunkelnder Stern innerhalb der karibischen Inseln, gehört heute zu den armen Ländern auf Platz 128. Das Pro-Kopf-Einkommen liegt bei etwa 1250 US-Dollar im Jahr. Man schätzt, daß die Arbeitslosigkeit bei etwa 25 bis 30 %, in Kingston noch weit darüber liegt. Mit ständig steigender Auslandsverschuldung einerseits und dem Bedarf an ausländischen Gütern und Dienstleistungen andererseits steht das Land vor der fast unmöglichen Aufgabe, eigene Industrien auszubauen, um Arbeitsplätze zu schaffen und die Armut zu beseitigen oder zumindest zu lindern. Lag früher Zucker, dann Bauxit an erster Stelle, so ist es heute der Tourismus, um Geld ins Land zu bekommen. Bauxit wird heutzutage noch immer verarbeitet und exportiert, doch diese Industrie basiert zum einen auf Energieimport und beschäftigt anderseits ganze 10 000 Leute. In der Landwirtschaft ist etwa ein Drittel der arbeitenden Bevölkerung tätig. Doch die einen bewirtschaften nur kleine Betriebe für den einheimischen Konsum, während die großen Plantagen zwar große Mengen Obst und Gemüse exportieren, denen aber wiederum noch größere Importe von zum Beispiel Reis und Mehl gegenüberstehen. Die größten Gewinne im landwirtschaftlichen Sektor kommen noch immer aus dem Anbau von Marihuana. Etwa 60 % der Bevölkerung konsumieren diese Droge, viele im Glauben, daß sie Heilkräfte besitzt. Betrug der Wert des Ganja-Exports in die USA etwa eine Milliarde Dollar, ist der Schmuggel unter Einsatz von Fahndern der US-Regierung in Jamaika gesunken. Doch hinter Kolumbien und Mexiko steht Jamaika immerhin noch an dritter Stelle als Marihuana exportierendes Land.

Zeitungen

Neben den einheimischen Zeitungen finden Sie in den Hotels und Zeitungsshops überwiegend amerikanische Blätter. Unterkünfte mit vielen deutschsprachigen Gästen verkaufen manchmal auch deutsche Zeitungen, allerdings nicht unbedingt die neuesten Ausgaben.

Zeitverschiebung

In Jamaika muß man die Uhr im Sommer sieben, im Winter sechs Stunden zurückstellen.

Zoll

Verboten sind neben Munition und Schußwaffen die Einfuhr von Blumen, Pflanzen und Früchten, auch von Fleisch und Milchprodukten, soweit sie nicht in Konserven verpackt sind. Für den persönlichen Gebrauch sind 200 Zigaretten, 500 g Tabak, 1/2 l Alkohol bzw. 1 l Wein zugelassen.

GESCHICHTE AUF EINEN BLICK

500–300 v. Chr.
Indiostämme der Arawaks, tapfere Seefahrer, besiedeln in zwei großen Migrationswellen die karibischen Inseln. Obwohl mehr dem Meer verbunden, lassen sie sich auch im Landesinneren von Jamaika nieder. Aus ihrer Sprache stammen Bezeichnungen wie Barbecue, Hurrikan, Manatee (Seekuh) und nicht zuletzt Xaymaca, der ursprüngliche Name Jamaikas.

15. Jahrhundert
Die Kariben, von Kolumbus so benannt nach ihren kannibalischen Bräuchen, fallen ein und zerstören Dörfer, morden die friedlichen Arawaks und rauben ihre Frauen.

5. Mai 1494
Kolumbus betritt auf seiner zweiten Reise Jamaika in der heutigen St. Ann's Bay. Einige Tage später landet er in Montego Bay. Er hatte von den Einwohnern des damaligen Kubas gehört, daß Xaymaca eine Insel mit vielen Reichtümern, vor allem Gold, sei. Der Reichtum, den er fand, war jedoch mehr natürlicher statt metallischer Art.

1503
Kolumbus kehrt auf seiner vierten und letzten Reise mehr oder weniger als Schiffbrüchiger zurück. Er muß ein ganzes Jahr unter schwierigsten Bedingungen dort bleiben, wird gerettet und segelt schwerkrank nach Spanien zurück.

1510
Die erste Gruppe Spanier unter Diego, dem Sohn von Kolumbus, siedelt sich in der Nähe der St. Ann's Bay an. Sie gründen ein Dorf namens Seville Nueva. Später ziehen sie an die Südküste weiter und gründen einen neuen Ort, Villa de la Vega, das heutige Spanish Town. Innerhalb weniger Dekaden werden die ca. 100 000 Arawaks ausgerottet. In den Augen der Krone allerdings hat Jamaika nur eine geringe Bedeutung. Man sieht sie als Ausrüstungs- und kleine Handelsbasis für Schmalz und Tiere. Nicht zuletzt ein Grund, warum hier im Gegensatz zu Kuba, Hispaniola und Puerto Rico wenig Geld investiert wird, um beispielsweise für großartige Architektur inklusive Festungen zu sorgen. Deswegen erinnert bis auf einige Namen heute wenig an die spanische Kolonialzeit.

10. Mai 1655
Nach verlorener Schlacht in Santo Domingo segeln die Briten Admiral William Penn und General Robert Venables mit ihrer restlichen Flotte nach Jamaika und können die Insel ohne großen Widerstand besetzen. Ein paar Kanonenschüsse, ein kurzer Marsch nach Spanish Town, und schon war die hundertjährige Kolonialzeit für die Spanier beendet.

1670
Die Spanier überlassen Jamaika im Vertrag von Madrid der britischen Krone. Hauptstadt wird Spanish Town. Etwa 3000 Einheimische, überwiegend freigelassene Sklaven, die Maroons (vom span. cimaroon, verwildert oder ungebändigt), ziehen sich in die Berge zurück und führen einen 84jährigen Guerillakrieg gegen die Briten, der unter dem Anführer Cudjoe 1739 zu einer Art Friedensvertrag führte.

2. Hälfte des 17. Jahrhunderts
Freibeuter und Piraten tummeln sich in der gesamten Karibik. Auf Jamaika erlebt Port Royal am westlichen Ende der Palisadoes-Halbinsel seine Blütezeit als Piratennest. Eine Zeitlang zeichnete Henry Morgan – später Sir Henry Morgan – als Gouverneur.

GESCHICHTE AUF EINEN BLICK

7. Juni 1692
Port Royal, das damals 8000 Einwohner hatte, versinkt samt seiner Schätze unter Erdbeben und Flutwellen im Meer. Ihrer illustren Basis beraubt und der Unterstützung Englands nicht sicher, wenden sich die Aktivitäten der Freibeuter und Piraten gegen die eigenen Handels- und Sklavenschiffe.

1718
Der berühmte Pirat Edward Teach, auch »Blackbeard« genannt, wird auf Jamaika gehängt.

Ende des 17. Jahrhunderts
Die Zahl der Einwohner Jamaikas beträgt 47 000. Achtzig Prozent sind Schwarze, die als Sklaven aus Afrika deportiert wurden, um auf den Plantagen zu arbeiten.

1700–1810
600 000 Sklaven werden herangeschleppt. Mehr als die Hälfte stirbt nach kurzer Zeit.

1807
Abschaffung des Sklavenhandels.

1834
Im »Emancipation Act« verfügt das britische Parlament die Abschaffung der Sklavenhaltung.

1838
Die »Emancipation Act« wird für alle Kolonien verbindlich.

1866
Jamaika wird offiziell britische Kronkolonie.

1938–1944
Arbeitslosigkeit und Hungerlöhne bringen Unruhen. Die Jamaica Labour Party (JLP) gewinnt die ersten freien Wahlen, die Insel erhält eine eigene Verfassung.

6. August 1962
Jamaika wird unabhängig.

1972-1989
Die jüngste Vergangenheit ist vom Kampf der westlich orientierten Demokratischen Partei und der eher kommunistisch orientierten People's National Party (PNP) geprägt.

1989
Michael Manley von der PNP wird zum zweiten Mal Premierminister. Die Partei ist inzwischen ein Stück nach rechts gerückt. Manley, der in den siebziger Jahren den Kapitalismus »Stein für Stein« zerstören wollte, sagt bei seiner Amtsübernahme: »Wir sind eine Insel, aber wir sind nicht allein. Deshalb müssen wir die Welt um uns herum erforschen, den Vorteil aus dem ziehen, was sie uns bietet, und die Möglichkeiten nutzen, welche sie denjenigen offeriert, die Unternehmungsgeist und Initiative zeigen.«

1992
Michael Manley tritt aus gesundheitlichen Gründen zurück, am 30. März übernimmt Percival Noel James Patterson die Regierung.

1993
Percival Noel James Patterson wird bei Neuwahlen im Januar im Amt bestätigt.

1997
Die PNP erlangt unerwartet ihren dritten Wahlsieg in Folge, wobei sie 57% der Stimmen auf sich vereinigt.

1999
Nach einer Erhöhung der Benzinpreise um 30% bei steigenden Arbeitslosenzahlen gibt es Proteste im ganzen Land. Die Bilanz der Ausschreitungen: neun Todesopfer und über 150 Festnahmen.

SPRACHFÜHRER

WICHTIGE INFORMATIONEN

Wichtige Wörter und Ausdrücke

Ja	*Yes*
Nein	*No*
Bitte	*My pleasure, you're welcome*
Danke	*Thank you*
Wie bitte?	*Pardon?*
Ich verstehe nicht	*I beg your pardon*
Entschuldigung	*Sorry, excuse me*
Guten Morgen	*Good morning*
Guten Tag	*How do you do*
Guten Abend	*Good evening*
Hallo	*Hello*
Ich heiße ...	*My name is ...*
Ich komme aus ...	*I'm from ...*
Wie geht's?	*How are you?*
Danke, gut	*Thanks, fine*
Wer, was, welcher	*Who, what, which*
Wieviel	*How many, how much*
Wo ist ...	*Where is ...*
Wann	*When*
Wie lange	*How long*
Sprechen Sie Deutsch?	*Do you speak German?*
Auf Wiedersehen	*Good bye*
Bis bald	*See you soon*
Heute	*Today*
Morgen	*Tomorrow*
Gestern	*Yesterday*

Zahlen

eins	*one*
zwei	*two*
drei	*three*
vier	*four*
fünf	*five*
sechs	*six*
sieben	*seven*
acht	*eight*
neun	*nine*
zehn	*ten*
einhundert	*one hundred*
eintausend	*one thousand*

Wochentage

Montag	*Monday*
Dienstag	*Tuesday*
Mittwoch	*Wednesday*
Donnerstag	*Thursday*
Freitag	*Friday*
Samstag	*Saturday*
Sonntag	*Sunday*

Mit und ohne Auto

Wie weit ist es nach ...?	*How far is it to ...?*
Wie kommt man nach ...?	*How do I get to ...?*
Wo ist ...?	*Where is ...?*
– die nächste Werkstatt	*– the nearest garage*
– der Bahnhof/Busbahnhof	*– the station/bus terminal*
– die nächste U-Bahn-/Bus-Station	*– the nearest subway station/busstop*
– die Touristeninformation	*– the tourist information*
– die nächste Bank	*– the nearest bank*
– die nächste Tankstelle	*– the nearest gas station*
Wo finde ich einen Arzt/eine Apotheke?	*Where do I find a doctor/a pharmacy?*
Bitte volltanken	*Fill up, please*
Normalbenzin	*Regular petrol*
Super	*Super*
Diesel	*Gasoil*
rechts	*right*
links	*left*
geradeaus	*straight ahead*
Ich möchte ein Auto/ein Fahrrad mieten	*I would like to rent a car/bike*
Wir hatten einen Unfall	*We had an accident*
Eine Fahrkarte nach ... bitte	*A ticket to ... please*
Ich möchte ... DM in ... wechseln	*I would like to change foreign currency*

SPRACHFÜHRER

Hotel

Ich suche ein Hotel	I'm looking for a hotel
– eine Pension	a guesthouse
Ich suche ein Zimmer für ... Personen	I'm looking for a room for ... people
Haben Sie noch Zimmer frei?	Do you have any vacancies?
– für eine Nacht	– for one night
– für zwei Tage	– for two days
– für eine Woche	– for one week
Ich habe ein Zimmer reserviert	I made a reservation for a room
Wieviel kostet das Zimmer?	How much is the room?
– mit Frühstück	– including breakfast
– mit Halbpension	– half board
Kann ich das Zimmer sehen?	Can I have a look at the room?
Ich nehme das Zimmer	I'd like to have this room
Kann ich mit Kreditkarte zahlen?	Do you accept credit cards?
Haben Sie noch Platz für ein Zelt/einen Wohnwagen?	Is there any space for a tent/a campervan?

Restaurant

Die Speisekarte bitte	Could I see the menu please?
Die Rechnung bitte	Could I have the bill please?
Ich hätte gern einen Kaffee	I would like to have a cup of coffee
Auf Ihr Wohl	cheers
Wo finde ich die Toiletten (Damen/Herren)?	Where are the washrooms (ladies/gents)?
Kellner	waiter
Frühstück	breakfast
Mittagessen	lunch
Abendessen	dinner

Einkaufen

Wo gibt es ...?	Where do I find ...?
Haben Sie ...?	Do you have ...?
Wieviel kostet das?	How much is this?
Das ist zu teuer	That's too much
Das gefällt mir (nicht)	I like it/I don't like it
Ich nehme es	I'll take it
Geben Sie mir bitte 100 Gramm/ ein Pfund/ ein Kilo	I would like to have one hundred gramm/one pound/ one kilo
Danke, das ist alles	Thank you, that's it
geöffnet/ geschlossen	open/closed
Bäckerei	bakery
Kaufhaus	department store
Metzgerei	butcher's
Haushaltswaren	household supplies
Lebensmittelgeschäft	supermarket
Briefmarken für einen Brief/ eine Postkarte nach Deutschland/Österreich/in die Schweiz	stamps for a letter/postcard to Germany/Austria/ Switzerland

Ämter, Banken, Zoll

Haben Sie etwas zu verzollen?	Do you have anything to declare?
Ich möchte einen Reisescheck einlösen	I would like to cash a travellers cheque
Ich habe meinen Paß/meine Geldbörse verloren	I have lost my passport/my wallet
Ich suche einen Geldautomaten	I am looking for an ATM machine
Ich möchte nach Deutschland telefonieren	I would like to place a call to Germany

ESSDOLMETSCHER

A

abalone: Muschelart
ackee 'n saltfish: Fruchtfleisch der Ackee, vermischt mit entsalzenem Stockfisch und Gewürzen, schmeckt wie herzhaftes Rührei
akkra: Teigpastete mit Gemüse gefüllt
apple pie: gedeckter Apfelkuchen
asparagus: Spargel

B

bacon: Speck
bammy: Gebäck aus Maniokmehl
bean: Bohne
beef: Rindfleisch
biscuit: Keks
bread: Brot
broccoli: Broccoli, Spargelkohl
bula: Jamaika-Gebäck

C

callalou: eine Art Spinat
cantaloup: Zuckermelone
catch of the day: frischer Fisch vom Tage
cauliflower: Blumenkohl
cereal: Getreide, d. h. corn flakes und dergleichen
chicken: Huhn
cho-cho: kürbisähnliches Gemüse
chorizo: würziges Würstchen
chowder: Muschelsuppe
clam: Venusmuschel
coconut: Kokosnuß
cod: Kabeljau
conch: Tritonhornschnecke
cookies: Kekse
corn: Mais (*cornbread*: Maisbrot, aber *corned beef*: gepökeltes Rindfleisch)
crab: Taschenkrebs
cracker: ungesüßter Keks
crayfish: Flußkrebs oder Salzwasserlanguste
creole: auf karibische Art: scharf
cucumber: Gurke
curry: hier: Eintopf, Gulasch

D

Danish pastry: süße Teilchen
dessert: Nachtisch
dip: Stippe (für Chips und Crackers)
doughnut: süßer Teigkringel
draft beer: gezapftes Bier
dressing: Salatsauce (*French dressing, Italian, Thousand Islands, Blue Cheese, Oil and Vinegar*)
duck: Ente

E

egg: Ei (bes. *over easy:* gewendetes Spiegelei; *poached:* pochiert; *scrambled:* Rührei, *sunny side up:* Spiegelei)
eggplant: Aubergine
escoveitch fish: Fisch, säuerlich zubereitet mit kleingeschnittenem Gemüse

F

festival: Ölgebäck (Beilage zu *jerk-meat*)
fig: Feige
fish: Fisch
flan: Karamelpudding

G

game: Wild
gingerbread: Ingwerkuchen
grape: Weintraube
goat curry: Ziegeneintopf
grouper: Fischart

H

halibut: Heilbutt
ham: Schinken
hamburger: Bulette auf Brötchen
hash: gehacktes (Fleisch oder Kartoffeln)
hero: großes, mehrfach belegtes Sandwich
herring: Hering
honey: Honig

I

ice cream: Speiseeis
iced tea: Eistee
iced water: Eiswasser
irish moss: gelartiger Extrakt aus Algen, vermischt mit Milch, Muskat oder Rum

J

jelly: Gelee
jerk-pork bzw. *-chicken:* Barbecue auf jamaikanisch
Johnny Cakes: Gebäck
juice: Saft

K

kipper: Räucherhering

L

lamb: Lamm
lambchops: Lammkotelett
lime: Limone
lobster: Hummer

M

mackerel: Makrele
mullet: Seefisch
mustard: Senf
mutton: Hammel-, Lammfleisch

O

onion: Zwiebel
oyster: Auster

P

pancake: Pfannkuchen
pea: Erbse
peanut(butter): Erdnuß(butter)
pear: Birne
pepper shrimps: scharfe Garnelen
pie: Obstkuchen, aber auch Fleischkuchen und Pastete
platanos: leicht bittere Bananen
pomegranate: Granatapfel
pompano: Fisch, mit Sauce im Papierbeutel gebacken
pork: Schweinefleisch
prawn: Garnele

R

raspberry: Himbeere
rice 'n peas: Reis mit Erbsen oder Bohnen, mit Zwiebeln in Öl und Kokosmilch gekocht
roast: Braten
roll: Brötchen
rye bread: Roggenbrot

S

sausage: Wurst
scallops: Jakobsmuscheln oder Kammuscheln
seafood: Meeresfrüchte
seviche: marinierter, roher Fisch
shark: Hai
shrimp: Krabbe, Garnele
snail: Schnecke
snapper: Tiefseefisch
soup-'n'-sandwich: Suppe und belegtes Brötchen, meist Mittagsangebot des Tages
spinach: Spinat
starapple: Sternfrucht
steak: Rindfleisch
stew: Eintopf

T

tart: Torte
trout: Forelle
tuna: Thunfisch

V

vegetable: Gemüse
vinegar: Essig

Z

zarzuela: spanisch-südamerikanischer Fischeintopf

Orts- und Sachregister

Wichtige Informationen

Hier finden Sie die in diesem Band beschriebenen Orte und Ausflugsziele. Außerdem enthält das Register wichtige Personen, Stichworte sowie alle Tips dieses Reiseführers. Wird ein Begriff mehrfach aufgeführt, verweist die **fett** gedruckte Zahl auf die Hauptnennung. Die **Buchstaben-Zahlen-Kombinationen** verweisen auf die Karten in den Umschlagklappen.

A
Accompong 99; D3
Adelphi 46
Airy Castle 105
All-inclusive-Hotels 17
Amity Cross 111; B3
Anchovy 47
Annotto Bay 101, 103
Arawak-Museum (White Marl) 103; H4
Athenry Gardens 66; K3/K4
Auchindown 108; C4
Autorundfahrten 98, 101, 104, 108

B
Bamboo Avenue 98, 100, 111
Bath 104, 105; L5
Black River 7, **97**, 99, 108; C4
Black River Safari 97; D4
Bloody Bay **34**, 71; A2
Blue Lagoon 65; K3
Blue Mountain Peak 68
Blue Mountains 6, **79**, 93, 101
Bluefields Bay **34**, 108; B3
Bob Marley Museum (Kingston) 84, **88**
Bob Marley's Mausoleum 70; F2/F3
Bog Walk 102; G4
Booby Cay 32, **71**
Boston Beach 34; L3
Brown's Town 70; F2/F3
Buff Bay 104, 107; IE
Bump Grave (Moore Town) 66

C
Castleton 103; H3
Cockpit Country 7, **46**
Coin and Notes Museum (Kingston) 88
Courthouse (Savanna-la-Mar) 78
Coyaba River Garden & Museum 54
Cricket (Tip) 34
Croydon Estate (Tip) 46; C3

D
Dancehall Music **9**, 35
Devon House (Kingston) 84, 86
Discovery Bay 69; F2
Doctor's Cave Beach **34**, 40; C1
Don Christopher's Point (Port Maria) 57
Dry Harbour Mountains 48
Dunn's River Falls 56; G2

E
East Harbour (Port Antonio) 59
Einkaufen 24
Entfernungstabelle 16
Eßdolmetscher 122
Essen und Trinken 20
Estate Belvedere 47; C3

F
Falmouth 46; D1
Fern Gully 56; G2
Ferris Cross 111; B3
Feste 35
Fischen 31
Flat Bridge 102; G4/H4
Flughafen 13
Flugverbindungen 12
Folly Estate (Port Antonio) 59
Fort Charlotte (Lucea) 78
Fort George (Port Antonio) 59
Fort Montego 40
Freeport 40
Frenchman's Cove **34**, 66; K3
Fruitful Vale 68

G
Galina 56; H2
Geschichte 118
Getränke 20, 22
Gleaner Building (Kingston) 86
Golden Grove 104; L5
Golf 31
Good Hope 46
Good Hope Great House (Hotel, Falmouth, Tip) 18; D2
Gordon House (Kingston) 86
Guanaboa Vale 102
Guilsbro 98; C2
Gutters 109; D4

H
Happy Grove School (Manchioneal) 104
Hellshire Beach 92; H5
Historical Archeological Museum (Port Royal) 94
Hollywell National Parks 93

Orts- und Sachregister

Hope Botanical Gardens and Zoo (Kingston) 86
Hotels 17
Hotels für Kinder 29

I
Industry 68
Institute of Jamaica (Kingston) 84, **88**

J
Jamaica's People's Craft & Technology Museum (Spanish Town) 103
Jerk-Meat-Buden (Tip) 22
John Crow Mountains 66

K
Karneval (Tip) 36
Kinder 28
Kingston 6, 79, **80**, 101, 103, 104, 106; H4/I4
Kingston Parish Church 86
Kleinbus 13, 15

L
Lesetip 8
Linstead 102; G4
Little London 78; A3
Lluidas Vale 102
Long Bay 66; L4
Lover's Leap 108, **109**; D5
Lucea 78; B2
Lucea Parish Church 78

M
Maggotty 98, 99; D3
Manchioneal 104; L4
Mandeville 108, 109, 110; E4
Marley Museum (Kingston) 84, **88**
Marley, Bob 8, 26, 36, 70, 88
Marley's Mausoleum 70; F2/F3
Maroon Town 98; C2
Maroons 98
Marshall's Pen Great House 110
Martha Brae River Rafting 46; D2
Mico College (Kingston) 84, **87**
Middle Quarters **98**, 100, 111; C4
Middlesex 79
Mietwagen 14
Milk River Bath 111
Mocking Bird Hill (Hotel, Port Antonio, Tip) 63
Moneague **56**, 101; G3
Montego Bay 12, 13, 17, 32, **38**, 98, 108; C1/C2
Moore Town 66; K4
Morant Bay 104, 106; K5
Morant Point 79
Morant Point Lighthouse 104
Motorräder 15
Mount Diablo 101
Mount Pleasant 68
Mountain River Cave 102
Mountain Valley River Rafting 47; C2
Mountainbiking 31
Murphy Hill 54
Museum of Natural History (Kingston) 88

N
National Gallery of Jamaica (Kingston) 84, **89**
National Heroes Park (Kingston) 84, **86**
Navy Island 66
Negril 32, **72**, 108, 11; A3
Negril Beach 34; A3
New Eden 68
Newcastle **93**, 104, 106; I4
Nine Mile 9, **70**
Nonsuch Caves 66; K3/K4

O
Ocho Rios 7, 17, 32, **48**, 54, 101, 103; G2
Öffentliche Verkehrsmittel 15
Old Fort (Savanna-la-Mar) 78

P
Paradise 68
Paradise Park 78; B3
Pine Grove 93; I4
Point 98; C2
Port Antonio 7, 17, **58**, 104, 107; K3
Port Maria 57; H2
Port Morant 105; L5
Port Royal 8, **94**; H5
Preisklassen (Hotels) 19
Preisklassen (Restaurants) 23
Prospect Plantation 57; G2

R
Rastafaris 9, **70**
Rat Trap 47
Reach Falls **66**, 104; L4
Reggae 8, **35**
Reiten 31
Rio Grande Rafting 66; K3
River Lodge (Hotel, Robin's Bay, Tip) 51; H3
Rocklands Feeding Station **47**, 100; C2
Rose Hall 46
Rose Hall Great House (Montego Bay) 42
Routen 98, 101, 104, 108

ORTS- UND SACHREGISTER

Runaway Bay 69; F2
Runaway Caves 70; F2
Rusea's Old High
   School (Lucea) 78

S
Sangster Airport 13
Santa Cruz 111; D4
Santa Cruz Mountains
   109
Savanna-la-Mar 78, **79**,
   108
Schiffsverbindungen
   12
Schnorcheln 31
Seaford Town 47; C3
Seaford Town Mini-
   Museum 47
Segeln 32
Seville Nuèva 56
Sonrise Beach Retreat
   (Hotel, Robin's Bay,
   Tip) 56; H2
Spanish River 68
Spanish Town 7, **92**
   (Tip), 101, 102;
   G4/H4
Spezialitäten 20
Sport 30
Sprachführer 120
Spring Garden 68; I3
St. Andrew Parish
   Church (Kingston) 84,
   87
St. Ann's Bay 56; F2
St. Catherine's Peak 93
St. Elisabeth **79**, 110
St. James Parish
   Church (Montego
   Bay) 39
St. Margaret's Bay 68;
   K3
St. Mary Parish Church
   (Port Maria) 57
Stokes Hall 105; L5
Stony Hill 103; H4
Strände 30, **32**
Strawberry Hill (Hotel,
   Irish Town, Tip) 81; I4
Struie 47

Surrey 79
Swift River 68; I3/I4

T
Tauchen 31
Taxis 13, 16
Tennis 32
Tensing Pen (Hotel,
   Negril, Tip) 73; A3
Things Jamaican
   (Kingston, Tip) 25; C1
Touren 98, 101, 104,
   108
Treasure Beach 34, 79,
   96, 108, 109; D5

U
Unterkünfte 17

V
Vale Royal (Kingston)
   87
Valley Hikes 68; K4

W
Walter Fletcher Beach
   40
Wandern (Port Antoni,
   Tip) 34
Wandern 32
White Marl 103
Whitehouse 108; C4
Whithorn 111; B3
Windsurfen 32
Winnyfred's Beach 34,
   68; L3
Wolmer's High School
   & Mico College
   (Kingston) 87
Wolmer's School
   (Kingston) 84
Woodstock 111

Y
Y. S. Falls **78**, 99; C4

Z
Zoo (Kingston) 86

IMPRESSUM

Liebe Leserinnen und Leser,

wir freuen uns, Ihre Meinung zu diesem Reiseführer zu erfahren. Bitte schreiben Sie uns, wenn Sie Berichtigungen und Ergänzungsvorschläge haben oder wenn Ihnen etwas besonders gut gefällt:

Gräfe und Unzer Verlag, Reiseredaktion, Postfach 86 03 66, 81630 München
e-mail: merian-live@graefe-und-unzer.de

Alle Angaben in diesem Reiseführer sind gewissenhaft geprüft. Preise, Öffnungszeiten usw. können sich aber schnell ändern. Für eventuelle Fehler übernimmt der Verlag keine Haftung.

Redaktion: Matthias Eckardt, Dirk Wagner
Kartenredaktion: Reinhard Piontkowski

Bei Interesse an Karten aus MERIAN-Reiseführern schreiben Sie bitte an:
Gräfe und Unzer Verlag GmbH
Kartographie, Grillparzerstraße 12
81675 München

Gestaltung: Ludwig Kaiser
Umschlagfoto: M. Thomas
Karten: MERIAN-Kartographie
Produktion: Helmut Giersberg
Layout: Silke Heuer
Druck und Bindung: Stürtz AG
ISBN 3-7742-0660-0

Fotos: P. Spierenburg 2/3, 6, 9, 14, 19, 23, 24, 29, 33, 37, 40, 42, 50, 61, 64, 67, 70, 71, 85, 91, 93, 95, 96, 106, 109, 110, 111, 113; M. Thomas 7, 11, 12, 20, 21, 27, 30, 38, 43, 49, 53, 57, 58, 63, 68, 72, 74, 76/77, 79, 87, 88, 99, 101, 103, 105, 110

Dieses Buch wurde auf chlorfrei gebleichtem Papier gedruckt.

© Gräfe und Unzer Verlag GmbH, München

Auflage	5.	4.	3.	2.	1.
Jahr	2004	03	02	01	00

Alle Rechte vorbehalten. Nachdruck, auch auszugsweise, sowie die Verbreitung durch Film, Funk und Fernsehen, durch fotomechanische Wiedergabe, Tonträger und Datenverarbeitungssysteme jeglicher Art nur mit schriftlicher Genehmigung des Verlages.